L'IMPOT UNIQUE

ET

L'INVASION DE 1870

57
b
927

IMPRIMERIE J. CLAYE

RUE SAINT BENOIT 7

PARIS

L'IMPOT UNIQUE

ET

L'INVASION DE 1870

PAR

CH. TELLIER

> Tout citoyen doit, dans la mesure de ses
> forces du moment, contribuer aux besoins
> du pays.
>
> Cʜ. T.

———————

PARIS

IMPRIMERIE DE JULES CLAYE

7, RUE SAINT-BENOIT, 7

—

1870

1871

AVERTISSEMENT

Le travail qui va suivre n'est pas momentanément destiné à la publicité.

Étreints par l'avide ennemi qui nous entoure, il ne faut pas que, si un moyen utile doit sortir de ce labeur, il puisse servir à enfler sa convoitise ou ses prétentions.

Il est donc pour l'instant seulement destiné à ceux qui voudront bien étudier ce moyen, le mûrir et aider à sa vulgarisation quand le moment opportun sera venu.

INTRODUCTION

Lorsque j'écrivais il y a deux ans la brochure publiée sous le nom d'*Impôt unique,* je ne prévoyais guère les malheurs qui sont venus depuis accabler la patrie.

Aujourd'hui, ces malheurs sont un fait accompli.

Ce n'est évidemment pas à les pleurer qu'il faut s'arrêter, mais à les réparer. L'adversité ne doit pas amollir un peuple, mais le retremper.

Relever ce qui est abattu, reconstruire ce qui est détruit, semer partout en un mot le travail et les efforts, tel doit être le labeur qui nous incombe à tous.

C'est pour correspondre à ce devoir que je reprends le développement de l'idée primitivement émise. J'ai la conviction que dans elle gît un moyen puissant d'aider à l'œuvre commune.

A ce titre, qu'il me soit permis de solliciter l'attention de tous ceux qui, comme moi, croient que la France peut être un instant surprise, abattue, mais jamais avilie ou anéantie.

Auteuil, le 15 décembre 1870.

CH. TELLIER.

L'IMPOT UNIQUE

ET

L'INVASION DE 1870

EXPOSÉ

En présence des désastres qui nous frappent, la première pensée qui arrive à l'esprit
est celle-ci :

Comment réparer le mal produit?

Ce mal est effectivement grand, il atteint
presque les limites dé l'impossible, il frappe
aussi bien l'État que les particuliers.

Toutefois, une différence surgit entre ces
deux ordres de désastres.

L'État, c'est la chose commune, il n'y a
qu'à sonder, juger les plaies; les ressources
publiques sont là pour les guérir.

A l'égard des particuliers la situation se complique.

Certaines contrées ont été bouleversées, anéanties, tandis que d'autres n'ont pas été atteintes.

D'un côté la ruine, de l'autre la quiétude.

De là une question d'inégalité qu'il faut faire disparaître.

Il n'est pas équitable, en effet, que ceux qui ont été sacrifiés pour protéger les autres restent malheureux, tandis que ceux-ci, les préservés, conserveront le bien-être et l'opulence.

Il faut, en un mot, que, sans mesures arbitraires, une balance s'établisse entre ceux qui ont perdu et ceux qui ont gardé.

A ce titre seul, la France restera le grand pays uni, compacte, que tous connaissent. Une aventure aura pu l'éprouver, mais elle ne saurait le faire péricliter.

Mais cette balance dont nul ne contestera la louable équité, comment l'établir ?

Sera-ce avec les revenus de l'État ?

Dans la situation actuelle ce n'est pas possible.

Ces revenus sont épuisés pour le présent; pour l'avenir, ils sont en partie taris dans leur source même par l'impuissance d'un grand nombre de contribuables; l'État, d'ailleurs, a lui-même d'immenses besoins à satisfaire.

Sera-ce par un emprunt?

Non encore. Dans les circonstances présentes, un emprunt important ne peut être négocié. La fortune publique, déjà compromise par les événements, le serait davantage par une opération financière qui, fondée sur le seul crédit, mettrait ce crédit à la merci de l'influence étrangère.

Sera-ce la charité?

Ce ne serait pas juste. On ne paye pas un dû avec l'aumône; or, ceux qui ont été préservés sont les débiteurs de ceux qui ont souffert pour les protéger.

A tout prix cependant il faut une solution à la question, des masses de ruines et de misères la rendent de première urgence.

Cette solution, nous la trouverons dans une pondération naturelle des forces du pays restées vives, laquelle sera nécessairement régularisée par l'État.

Mais cette pondération, comment l'obtiendrons-nous?

Dans l'impôt unique, qui s'adressant à tous, mais surtout à ceux qui possèdent et possèdent aisément (la possession n'est pas toujours la richesse), pourront facilement payer.

Ceux-là sont encore nombreux.

La fortune de la France n'est pas détruite, elle n'est qu'en partie touchée.

Établir la régénération du pays sur les éléments qui ont pu subsister intacts, c'est donc lui donner la base vraiment certaine qui peut rétablir la situation. Ce sera ramener l'équilibre sans secousses, comme sans arbitraire.

Pour mieux me faire comprendre, je vais en quelques mots résumer ce qu'est dans son essence et ce que sera dans la pratique l'*Impôt unique*.

QU'EST-CE QU'EST L'IMPÔT UNIQUE?

L'impôt unique, son nom l'indique, est la suppression de toute fiscalité actuelle et son remplacement par un seul droit.

La première conséquence de cet état de choses est une simplicité extraordinaire dans les rouages administratifs.

Cette simplicité, cette facilité d'action avait frappé dès le xvii⁰ siècle des hommes éminents.

Vauban, Turgot, Mirabeau, avaient successivement préconisé ce moyen.

De nos jours M. Émile de Girardin a repris cette grande idée et s'en est fait un instant le champion et le propagateur.

Je suis venu ensuite, ou plutôt, pour rester dans la vérité des faits, ignorant les travaux des illustres personnalités que je viens de citer, je suis parti d'un point absolument opposé, me rencontrant avec elles, au moment où il fallait dénommer le système que j'avais créé.

Je m'explique :

Vauban, Turgot, Mirabeau, M. E. de Girardin, avaient bien compris les avantages que présenterait un seul impôt; mais l'obstacle devant lequel leurs efforts avaient dû s'arrêter, c'était le mode d'appliquer cet impôt.

Les uns avaient eu en vue le sol ;

Ils y trouvaient l'assiette la plus équitable à la contribution publique.

Les autres, mus par le même sentiment, avaient conçu une sorte de capitation.

M. E. de Girardin s'est, lui, préoccupé du capital, le considérant, sous toutes ses formes, comme la personnification de la richesse.

En un mot, chacun d'eux avait agi sous l'empire de cette idée :

Atteindre, frapper l'espèce de possession, de fortune, ayant à leur époque le plus d'évidence. Par suite, chacun d'eux aussi s'était adressé à l'élément qui leur paraissait le plus susceptible de produire équitablement.

Cette idée était noble et généreuse en son principe, mais elle péchait par la base.

Tous oubliaient en effet une chose, c'est que frapper une catégorie quelle qu'elle soit, c'était frapper une situation essentiellement modifiable, fugitive, puisque demain, par le fait même de l'industrie, du progrès, des événements, etc., etc., elle sera devenue autre chose que ce qu'elle était hier.

Partant de données plus modestes, mais

que je crois plus pratiques, j'ai procédé autrement.

Je me suis simplement dit ceci :

« Que tout citoyen devait, dans la mesure de ses forces *du moment,* contribuer aux besoins de son pays. »

Je n'admets pas, en effet, que le riche fasse au pauvre l'aumône de l'organisation qui constitue l'état social ;

Par contre, je n'admets pas non plus que le pauvre ne paye pas la part de bien-être qu'il prend dans la même société.

Ce principe posé, et c'est à mon sens le seul équitable et le seul honorable, la difficulté se trouvait déjà simplifiée.

Les charges de l'État étant représentées par la somme de bien-être social répandu sur tous, la question se trouvait réduite à ce simple problème :

Étant donné le coût du bien-être du pays, ce qui se sait toujours, *trouver la part prise par chacun dans ce bien-être.*

Cette part reconnue, la base de l'impôt était établie, puisque naturellement elle doit être en proportion directe du bien-être reçu par chaque individu. Ce fait admis, il ne me restait plus dès lors à trouver qu'un moyen simple de chiffrer cette participation et de la faire payer.

Sur le premier point, — la quotité à payer, — je voulais être sévère.

N'admettant pas en fait d'impôts de classification arbitraire, il me fallait un moyen d'arriver à la vérité stricte, rigoureuse.

Or, cette vérité exacte ressortait à mon sens de cette simple conséquence :

Plus dans la vie on profite des jouissances, quelle que soit la nature de ces jouissances, plus on dépense.

La dépense est donc la mesure réelle de la part prise par chacun dans le bien-être social.

Mais la dépense est une chose appréciable, les transactions commerciales en sont l'expression. Celles-ci sont traduites en chiffres par les factures.

Donc imposons les factures et du même coup nous aurons atteint toute la série de besoins que satisfait l'homme, depuis le nécessaire jusqu'au superflu.

Donc encore, nous aurons atteint chacun dans la véritable manifestation de sa fortune.

Or, n'est-ce pas là ce que l'économie
la mieux entendue, la plus équitable, doit
chercher?

A ce titre, l'impôt sur les factures est
donc vraiment rationnel.

Seul, il doit équitablement remplacer
tous les autres.

Mais ce mot de facture n'impliquait pas
toutes les transactions, et ce sont elles toutes
qu'il faut atteindre. Il fallait un mot plus gé-
nérique pour désigner cet impôt. C'est alors
que, prenant pour titre la propriété caracté-
ristique du nouvel impôt, qui est d'être *une*,
je suis arrivé à le dénommer sous le nom
d'*unique*, me rencontrant ainsi, sans le savoir, avec d'illustres devanciers; rejoignant
leur pensée par une route tout à fait op-
posée.

Quoi qu'il en soit, puisque ce point de su-
ture existe, qu'il me soit permis d'abriter
l'œuvre modeste que je vais entreprendre
sous l'égide du respect qui s'attache à leur
nom.

Pour justifier cet honneur, qui est presque une charge, je vais me hâter de prouver

que l'impôt, tel que je le présente, est :

Équitable en son principe ;

Simple dans son mécanisme ;

Aisé et économique dans sa perception ;

Enfin, qu'il est la vraie solution du moment difficile par nous traversé.

Moment difficile, aussi bien au point de
vue des désastres qui sont à réparer que des
charges nouvelles qui vont incomber à l'État,
pour replacer la France en la haute situation
qu'elle n'aurait pas dû perdre.

Je vais successivement aborder ces différents sujets.

L'IMPOT UNIQUE EST ÉQUITABLE
EN SON PRINCIPE.

Je viens de dire que l'impôt sur les factures, autrement dit l'impôt unique, était
équitable en son principe.

Je n'ai pour démontrer ce fait qu'à reproduire un passage de ma précédente brochure[1], laquelle, je puis le dire maintenant,

---

1. *L'Impôt unique et ses conséquences,* Paris, 1868,
Lacroix, Verboeckhoven, éditeurs.

a généralement frappé tous ceux qui en ont eu lecture par la simplicité du mécanisme décrit.

Je cite :

« J'ai dit que l'impôt, pour être juste, devait frapper chaque contribuable dans la mesure de sa jouissance, du bien-être dont il jouit, en un mot de sa fortune.

« Ce côté de la question a de tout temps préoccupé les législateurs. A l'époque présente, il est encore l'objet de leur attention.

« Les impôts sur le tabac, l'alcool, les chiens, etc., prouvent la réalité de ces tendances et les efforts constants qui sont faits en ce sens.

« Toutefois nous sommes encore loin du résultat, et toutes ces mesures, sauf celles qui frappent le tabac et l'alcool, denrées passées à l'état de nécessité, n'atteignent que médiocrement leur but.

« Le système que je propose résout, lui, la question d'une manière générale.

« En effet, il ne s'agit plus, avec son concours, de peser sur telle ou telle branche de la consommation, *mais de les toucher toutes.*

« Il s'agit de faire que, quels que soient les besoins, les satisfactions, les plaisirs qu'on puisse se donner, on paye et rigoureusement, toujours proportionnellement à ces besoins, à ces plaisirs, à ces satisfactions.

« Et ce avec cette circonstance réellement équitable, que précisément plus ces besoins, plus ces satisfactions, plus ces plaisirs seront grands, plus l'impôt les atteindra.

« Quelques exemples feront mieux comprendre le mécanisme de ce système que ce que je pourrais dire. Je vais les choisir dans les choses ordinaires de la vie.

« Je suppose deux ménages : l'un riche, l'autre pauvre.

« Tous deux reçoivent en même temps du vin.

« Celui du ménage riche est d'un cru estimé, il vaut 500 francs la barrique.

« Celui du ménage pauvre n'est qu'une boisson ordinaire, il ne vaut que 80 francs la barrique.

« Dans les conditions actuelles, l'une et l'autre barrique payeront le même droit, soit chacune 44 fr. 55 c. dans Paris. La première payera donc un $1/10^e$ seulement de sa valeur, tandis que l'autre, celle du pauvre, payera près de 50 pour 100.

« Avec l'impôt unique, il n'en sera plus ainsi.

« En effet, si nous admettons que cet impôt soit de 1 pour 100 par exemple :

« L'une,

« Celle du ménage riche aura payé 5 francs.

« L'autre,

« Celle du ménage pauvre n'aura acquitté que 80 centimes.

« N'est-ce pas logique, équitable?

« Mais la faible quotité des chiffres que nous venons de trouver aura pu faire naître une crainte.

« Si le rendement indiqué a été comparé à l'impôt actuel, la première idée qui aura frappé l'esprit est que le Trésor devra subir de cet état de choses un déficit considérable que la difficulté de ses rentrées sera par suite augmentée.

« Un tel résultat serait désastreux. Quelque bienfaisante que puisse être la mesure proposée, si elle amenait de semblables conséquences, il faudrait la repousser.

« Il en est autrement.

« D'abord il importe de le faire remarquer, l'impôt tel que je le comprends s'ap-

2

pliquerait à toutes les transactions. Dès lors, si les taxes excessives qui frappent certaines denrées disparaissent, elles sont remplacées par une contribution unique, modérée, mais qui, s'adressant à tout, vient par sa généralité suppléer à l'importance spéciale de quelques autres.

« Celle-ci d'ailleurs, quelque faible qu'elle soit en apparence, se grossit rapidement. Le mécanisme même du système conduit à ce résultat.

« En effet, j'ai supposé ici que le vin était pris directement chez le vigneron ; il n'avait alors qu'une taxe à acquitter.

« Mais ce cas est le plus rare.

« Dans la plupart des occasions, le vin passera par deux, trois, quatre mains et plus ; chaque fois, remarquons-le bien, chaque fois l'impôt sera payé.

« Par la force des choses, on le voit, le rendement grossira vite, et déjà, pour qui veut juger sans prévention, il est facile d'apprécier que, sous une perception en apparence minime, il y aura la source d'un immense revenu.

« Voyons du reste un autre exemple.

« Cette fois, au lieu de le choisir simple, rudimentaire, prenons-le dans la moyenne des transactions ordinaires, il fera mieux comprendre l'économie de l'impôt proposé.

« Je suppose deux femmes, que toujours je choisis dans des conditions opposées.

« L'une est riche ;

« L'autre par conséquent est pauvre ;

« Toutes deux ont besoin de se vêtir.

« L'une payera un châle 2,000 francs ;

« L'autre ne pourra mettre à cet achat que 25 francs.

« Admettant toujours l'impôt comme étant de 1/2 pour 100, voici ce qui résultera de l'application de l'impôt unique à ces acquisitions :

« Le châle de 2,000 francs payera sur l'achat 20 francs ;

« Celui de 25 francs ne payera, lui, que 25 centimes.

« Mais ce n'est pas tout.

« Les châles, avant d'être vendus, avaient dû nécessairement passer par de nombreuses mains.

« Contentons-nous, pour abréger, de mentionner :

« L'éleveur qui a fourni la laine ;

« Le négociant qui l'a achetée et revendue ;

« Le filateur qui l'a filée ;

« Le fabricant qui l'a tissée ;

« Enfin le marchand qui a vendu les châles et dont la contribution est imputée plus haut.

« A défaut de prix positifs, qui n'auraient d'ailleurs aucun intérêt ici, fixons arbitrairement les chiffres pour chaque industriel.

« Admettons que pour le châle de 25 francs

« Le cultivateur ait fourni 10 francs de laine, elle aura payé à 1 pour 100.......... 0,10ᶜ d'impôt

« Cette laine est arrivée entre les mains du négociant, elle a été revendue par lui 12 francs, soit à 1 pour 100.. 0,12ᶜ »

« Le filateur, après l'avoir travaillée, en a eu 15 francs, à 1 pour 100................ 0,15ᶜ »

« Enfin le fabricant a vendu le châle 20 francs, lesquels à 1 pour 100 ont produit.... 0,20ᶜ »

« Auxquelles sommes il convient d'ajouter le droit du marchand plus haut trouvé.. 0,25ᶜ »

« Soit en tout.......... 0,82ᶜ

de droits qui auront été acquittés par le châle
de 25 francs.

« Celui de 2,000 francs, en suivant les
mêmes errements, aura, lui, payé comme
suit :

« La laine chez le cultivateur valàit 1,000 francs; au
taux de 1 pour 100 elle aura
produit.................   10 fr. d'impôt.

« Le négociant en a trou-
vé 1,200 francs à 1 pour 100   12   »

« Le filateur l'a cédée pour
1,500 francs à 1 pour 100...   15   »

« Le fabricant en a fait
1,800 francs à 1 pour 100..   18   »

« Ajoutons à cela le droit
trouvé pour le vendeur et qui
était de................   20   »

« Nous arrivons pour ce
second châle à............   75 fr.
de droits.

« Ainsi, tandis que le châle de l'ouvrière
n'aura payé que............. 0,82 c.

« Celui de la femme du monde aura,
pour remplir le même but, mais plus élé-

gamment satisfait, payé 75 francs, c'est-à-
dire plus de 90 fois plus.

« Est-ce que cela n'est pas encore juste,
équitable, rationnel ?

« Ce que je viens de dire d'un châle s'applique, on le comprend aisément, aux habi-
tations, à la table, aux voitures, etc., etc.,
enfin à toutes les choses, à toutes les exigences de la vie.

« Je pourrais pour confirmer cette asser-
tion multiplier les exemples; ce travail me
paraît inutile.

« J'aime mieux abréger et immédiatement
constater une chose :

« C'est que si l'impôt unique était admis,
nous n'arriverions plus à ce résultat anor-
mal, pour ne pas dire monstrueux, *que toutes
les choses qui constituent les nécessités de la vie,
celles en un mot qui sont la base de l'alimentation,
sont le plus impitoyablement frappées; tandis que
d'autres, qui satisfont le luxe, les jouissances, le
faste, échappent presque toutes à l'impôt.*

« Qu'au contraire, tout venant à payer un
impôt proportionnel, le premier résultat obtenu serait de dégrever les denrées communes, ordinaires, qui étant de bas prix

n'auraient plus à payer qu'un très-minime impôt, tandis que les objets concernant l'aisance, le confort, seraient tous atteints et proportionnellement à leur valeur.

« Cette double considération suffit pour frapper les esprits généreux.

« Elle suffit pour démontrer que non-seulement l'équité trouverait satisfaction dans l'application de l'impôt unique, mais encore que tout en ne nuisant, ni aux intérêts de l'État, ni à ceux des particuliers, un allégement mérité serait apporté par lui à ceux qui travaillent, qui souvent souffrent et constituent en définitive un des puissants éléments du pays. »

Ces lignes étaient écrites bien avant la guerre; elles ont le mérite de présenter le mécanisme complet du système. Elles montrent en même temps qu'au point de vue de la proportionnalité due par chacun, l'impôt unique n'a besoin ni de recherches inquisitoriales, ni de mesures vexatoires.

C'est l'imposé lui-même, qui, par les nécessités de sa vie, vient acquitter l'impôt au fur et à mesure du développement de ses besoins.

N'est-ce pas là le but réel, précis, à atteindre ?

§

L'équité ne consiste pas seulement dans la répartition juste des charges imputées à chacun, elle consiste encore à donner la possibilité d'acquitter sans gêne, sans pression, aisément en un mot, la part contributive de chacun.

Tel, en effet, pourrait payer en une fois la somme qui lui incombe, tandis que tel autre, chargé de famille, travaillant jour par jour, heure par heure, ne peut amasser. Réclamer l'impôt à échéances fixes n'est donc pas donner les facilités que tous doivent pouvoir trouver.

L'impôt unique obvie à cet inconvénient.

Je vais expliquer comment, et pour cela encore, je citerai ce que j'écrivais sur ce sujet dans mon premier travail :

« La possibilité de faire payer l'impôt sans secousse, sans embarras pour l'imposé, sera également donnée par le même mode d'action.

« Cette démonstration, après ce qui précède, devient facile à faire.

« D'abord, qu'est-ce qui pèse le plus sur les masses dans l'état actuel des choses?

« C'est le prélèvement par échéances assez fortes des sommes dues à l'État.

« Avec le système que je décris, cet inconvénient disparaît.

« N'est-ce pas, en effet, par fractions et par fractions infimes que l'impôt sera perçu.

« N'est-ce pas jour par jour, même heure par heure, que sans le savoir, riches ou pauvres, l'acquitteront?

« Or, n'est-ce pas là précisément le résultat cherché?

« Est-ce que dans ces conditions, le revenu de l'État, loin d'être pour le plus grand nombre une gêne et une préoccupation, ne deviendra pas un accessoire insensible du roulement de la vie?

« Est-ce que sa rentrée ne sera pas mieux assurée?

« Est-ce qu'enfin l'impôt, ainsi établi, ne sera pas ce qu'il doit être véritablement, *une émanation constante, durable, imperceptible, mais puissante de la fortune publique?*

« Ces considérations sont si puissantes,
que je m'abstiendrais de citer des exemples,
si je ne voulais pertinemment convaincre de
l'exactitude de ce que j'avance.

« Je serai sobre, entre tous, j'en choisirai
seulement deux.

« La généralité des hommes fait usage de
tabac.

« La moyenne dépense au moins 15 centimes par jour, soit : 54 fr. 75 c. par an.

« Combien sur cette quantité seraient en
mesure de parer à cette dépense qui, en
somme, est un superflu, s'il fallait l'acquitter en bloc, une ou deux fois par an ?

« Bien peu assurément, et cependant
presque tout le monde fume ou prise : l'impôt
n'arrête personne.

« Qu'on ne dise pas qu'il s'agit là d'une
satisfaction qui rend cet impôt facile.

« Non ! La seule raison qui fait que personne n'hésite, c'est que c'est sou à sou
qu'est perçue la taxe. Elle est ainsi pré-
levée sans gêne, sans contrainte ; nul ne se
plaint.

« L'impôt sur le tabac est cependant considérable.

« Il représente plusieurs fois la valeur de la denrée.

« Si, grâce au mode de prélèvement on le paye sans y penser, que sera-ce donc quand, au lieu d'une contribution égale ou supérieure à la valeur de l'objet imposé, on n'aura plus à acquitter qu'une très-petite fraction?

« La presse a bien compris la question.

« La vente des journaux au numéro, qui a pris un si grand développement de nos jours, témoigne que mieux vaut demander quotidiennement au public une somme minime, qu'annuellement un abonnement important.

« Le grand nombre lit les journaux à raison de 5, de 15 centimes par jour; les privilégiés seuls jouissaient de l'abonnement.

« Et cela est si vrai, que le droit de vente sur la voie publique retiré à un journal équivaut presque à sa suppression.

« Frapper sur tout, mais par fractions insensibles, est donc, je ne saurai trop le redire, le point essentiel de la question.

« Or, je tiens à le bien constater, ce résultat est l'essence même du système que je propose. Quel que soit l'impôt auquel on pourrait le comparer, il n'en est pas un qui puisse être perçu aussi insensiblement et en même temps d'une manière aussi permanente. »

Ces derniers mots caractérisent le côté de la question qne nous avions à étudier. Ils démontrent que l'impôt unique, grâce à cette perception insensible, ôte à l'imposé toute espèce de préoccupations, puisque c'est en quelque sorte sans le savoir, qu'il acquitte sa contribution.

Eh bien, cette simplicité d'action, ces facilités données à tous, ces charges rendues légères, [ces mesures abusives supprimées, tout cela n'a pas satisfait tout le monde.

On m'a accusé, je viens ici relever l'expression, parce que je veux la détruire; on m'a accusé de rendre l'impôt trop facile. On a prétendu qu'il n'était pas digne de l'homme d'acquitter par ce moyen insensible ses charges sociales, etc., etc.

Mais voyons, soyons pratiques. Au milieu de nos désastres, cela devient plus qu'une nécessité.

Pour juger à ce point de vue la question, considérons l'impôt d'une manière générale.

De deux choses l'une, dirons-nous : ou il est superflu, ou il est utile.

S'il est superflu, inutile d'aller plus loin, tout ce que nous dirions serait sans valeur.

Mais s'il est utile, et à moins que d'être fou, on ne peut nier cette évidence, quelle atteinte est-ce porter à la dignité humaine que de le rendre aisé, facile à supporter, d'en assurer la rentrée?

Est-ce que le crédit commercial n'est pas une facilité donnée au commerce, dont elle a centuplé les efforts?

Est-ce que ce crédit ne permet pas justement de scinder, diviser, éloigner les payements?

Qu'est-ce autre que ces divisions, ces fractionnements, si ce n'est faciliter ces payements?

Qui donc cependant oserait prétendre que le commerce n'est pas digne?

Qui donc voudrait le priver des avantages qu'il possède?

Eh bien, je dis que ces facilités de payement que le commerce accepte, reçoit; qui sont son essence la plus nécessaire, puisque la Banque de France elle-même est la consécration de ce grand principe; je dis que nul ne peut les refuser, quand surtout elles émanent, non plus d'un particulier, non plus d'une institution de crédit, mais de l'État, c'est-à-dire de la délégation même du pays.

J'ajouterai que, bien loin de ne pas être digne, ce mode tend au contraire à effacer tout ce qui sent la protection, tout ce qui rappelle les barrières existantes, entre la fortune et la pauvreté.

Prenons pour exemple l'impôt sur les loyers.

Dans l'état actuel, ce qu'on est convenu d'appeler les petits loyers ne paye pas. Ce n'est qu'à partir de 400 fr. que la loi constitue l'imposé.

Dans ces conditions, et nul ne proteste que je sache, l'Etat fait la remise ou l'aumône de leur part contributive à ceux qui sont dans cette catégorie.

Je ne blâme pas cette condescendance, loin de là; mais elle n'en constitue pas moins deux classes : le contribuable et l'obligé.

Avec l'impôt unique, cette classification disparaît.

Le riche et le pauvre payeront le même

droit. Tous deux deviendront égaux devant la loi. Mais tandis que le riche, s'il habite dans un de ces somptueux hôtels qui se chiffrent par des annuités de 50 et de 100,000 francs, payera pour ces 50 et 100,000 francs, le pauvre, lui, qui se contente d'un modeste logement, serait-il de 100 francs, payera pour ses 100 francs.

Est-ce que cela n'est pas et plus digne et plus noble?

Est-ce que ce n'est pas l'équité et la justice?

Est-ce que, dans cet état de choses, l'aumône et ce qu'elle a toujours d'abaissant, même quand elle est officielle, ne disparaît pas pour faire place au droit;

Mais au droit :

Coûteux pour celui qui possède et mène grande vie;

Modique et insensible, pour celui qui n'a rien;

Proportionnel en un mot pour tous, laissant l'homme, à quelque étage de la société qu'il appartienne, coparticipant de cette même société.

Je dis que de ce chef aucune objection ne

peut subsister, et qu'à ce titre l'impôt unique, consacrant la participation de chacun aux charges communes, atteint le but désiré pour tout impôt rationnel, qu'encore une fois il est vraiment équitable.

§

Une autre considération vient à son tour faire ressortir cette question d'équité, je veux parler de la suppression d'une masse de taxes, aussi facilement entachables de fraudes qu'inégales en elles-mêmes.

Voyons les loyers ; puisque nous venons d'en parler.

La loi dit que l'impôt se percevra suivant l'importance du loyer, mais, sauf les baux notariés, qui ne s'ingénie à diminuer la valeur du payement et par conséquent celle de la taxe?

Avec l'impôt unique, la valeur de cette taxe diminue considérablement; l'intérêt que pourrait avoir la fraude tombe, et en fin de compte, par le mécanisme même de l'impôt, c'est le propriétaire et le locataire qui se contrôlent mutuellement.

Voyons l'impôt sur les successions.

Là encore nous trouvons un droit énorme, écrasant, que chacun cherche à éviter. Avec l'impôt unique, le droit réduit à la simple participation ordinaire n'engendrera plus la pensée de la fraude; et comme de son acquit résultera une parfaite régularité des situations, nul ne voudra, pour une somme qui n'en méritera plus la peine, s'exposer aux conséquences qu'amènerait l'élu-dation de la loi.

L'enregistrement est de son côté un nid à inégalité et à dissimulation.

En présence des taxes souvent exagérées qui découlent de la loi actuelle sur cette matière, tous s'évertuent à tourner, à tricher cette loi. On peut dire qu'une véritable lutte reste perpétuelle entre les employés que ce service concerne et le public.

Avec l'impôt unique, cette situation disparaît, le simple mécanisme de l'impôt rendant les parties mêmes juges de son importance et responsables de son acquittement.

Et les douanes, et la régie, et tant d'autres dispositions qu'il serait trop long de rappeler?

Bref, de tout ceci résulte ce que je voulais démontrer : que ces impôts, et ils sont nombreux, laissent à l'appréciation une trop large marge et que par conséquent, suivant le degré de droiture, d'adresse, les uns payent plus, les autres moins. La conséquence de cette situation est une inégalité flagrante. L'impôt unique, pesant par la force des choses sur la valeur réelle des transactions, fera disparaître cette inégalité. A ce titre il est donc encore une fois équitable.

§

Enfin il est équitable parce qu'il atteint le capital, ce monstre tant décrié et cependant ce levier si puissant de notre époque industrielle.

On a voulu faire des lois pour l'enrayer.

Insaisissable par les formes variées qu'il peut prendre, il échappe à ces lois.

En équité vraie il doit évidemment sa part dans la chose commune.

Et si je ne partage pas les idées de ceux qui en font une hydre aux mille têtes, je reconnais la justesse du principe.

L'impôt unique, lui, l'atteindra sous toutes ses attributions.

Placement d'argent : Le banquier en tête de son compte courant sera obligé d'indiquer sa contribution.

Opération de bourse : L'agent de change appliquant l'impôt sur ses bordereaux sera devenu en même temps l'agent fiscal.

Rentiers, possesseurs de ces milliers de coupures qu'on nomme actions et qui jusqu'ici dissimulaient ce capital tant méconnu. Il n'en est pas un qui, en touchant ses coupons, ne payera l'impôt; qui, en dépensant le produit de ces coupons, ne le payera encore.

Équité donc, équité deux fois grande, puisque non-seulement elle fera payer l'argent qui jusqu'ici pouvait se soustraire à l'impôt, mais encore évitera les attaques incessantes qui s'élèvent contre un élément aussi utile que puissant.

Le capital, en effet, n'est pas la chose horrible que d'aucuns en veulent faire.

C'est la fortune mobilière qui est venue s'ajouter à la fortune immobilière, quand celle-ci n'a plus suffi à recevoir l'épargne.

C'est le véhicule du commerce, c'est le moteur des grandes entreprises. Qu'on me permette une comparaison.

Admettons une rivière qui, tranquille s'écoulant, chemine lentement. Tant que sur une pente insensible son cours restera alangui, elle donnera simplement la fertilité aux pays par elle arrosés.

Mais modifions son régime, et par une digue emmagasinons ses eaux.

ous aurons toujours les bienfaits qu'elle répandait;

Mais de plus, en donnant à la digue une issue convenable, nous aurons créé une chute qui produira autour d'elle l'activité, la puissance, la vie.

Nous n'aurons pas diminué l'action bienfaisante du courant primitif, mais en amassant ses forces, en les rendant vives, nous aurons trouvé l'aide avec lequel nous transformerons, et le blé qui nous donne le pain, et le fer qui nous donne la charrue, et tant d'autres industries qui nous donnent le bien-être.

Eh bien, l'épargne entre les mains de tous, c'est la rivière qui coule tranquille.

Le capital, qu'il soit formé par la réunion de l'épargne ou la fortune d'un seul, c'est la chute qui permet les entreprises gigantesques, que l'épargne seule ne pourrait mener à bien.

A l'appui de ceci, reportons nos yeux sur nos voisins les Anglais. Nous verrons chez eux le capital constituer une force, qui se plaçant à côté de la puissance territoriale et la dépassant, a seule fait, de l'Angleterre, la grande nation que chacun sait.

Les lois anglaises faisant, en effet, du sol, des majorats imprescriptibles, il a bien fallu à l'épargne trouver un autre placement.

Le capital s'y est ainsi constitué de temps immémorial. Pour lui trouver emploi, l'esprit d'association s'est formé; il a su fonder et le commerce lointain, et les banques innombrables, et l'industrie sans rivale qui a un instant rendu le monde tributaire de cette forte organisation.

Que cet exemple, que celui de l'Amérique, nous serve! Ne fuyons pas le capital, plus que jamais nous avons besoin de son aide, mais dans une juste proportion faisons-le payer, ceci sera justice.

Or l'impôt unique, l'atteignant dans toutes ses applications, dans toutes ses transforma-tions, et par une proportion toujours égale, donnera de ce côté encore satisfaction aux principes d'équité que nous devons partout rencontrer.

§

Une dernière considération me permettra de clore cette partie de mon travail.

Les professions dites libérales étaient jus-qu'ici exemptes d'impôt. Pour elles point de droits spéciaux, aucun des frais qui grèvent le commerce, l'industrie.

Il en est cependant qui rapportent beau-coup.

Avec l'impôt unique, elles payeront et justement dans la proportion du mérite de chacun.

Le médecin, l'avocat, l'artiste, de grande réputation, dont les labeurs se soldent par des sommes importantes, payeront en pro-portion de leur gain.

Ceux qui débutent dans la carrière, qui s'y maintiennent dans une modeste condition, ne payeront que sur la proportionnalité de leur recette, mais tous satisferont aux charges communes, ce qui est justice, puisque tous prennent leur part du bien-être général.

Est-ce que ceci n'est pas encore et toujours l'expression de l'équité véritable?

§

Nous résumant sur ce sujet, disons que l'impôt unique est vraiment équitable :

1° Parce qu'il s'adresse à tous dans la mesure des forces de chaque contribuable;

2° Parce qu'il fait payer tous selon la quantité des besoins satisfaits;

3° Parce que son application ne supporte pas d'inégalités, qu'elle est la véritable mesure de la dette sociale de chacun;

4° Parce que, quelle que soit la modification que subit le progrès, la fortune, il s'applique à ces modifications;

5° Parce que, pour atteindre le but qu'il poursuit, il n'emploie aucun moyen touchant le respect dû à la qualité de citoyen;

6° Parce qu'enfin, prélevé sans secousses,

sans difficultés, *par l'imposé lui-même*, il est ce que je ne puis que répéter :

La vraie pondération de la fortune de tous.

L'IMPOT UNIQUE EST SIMPLE DANS SON MÉCANISME.

§

J'ai expliqué, dans la brochure précitée, que l'application de l'impôt unique se résumait par ceci :

Apposer sur chaque facture un timbre mobile d'une valeur proportionnelle à celle de la facture.

Cet acte, on le voit, n'exige aucune complication, et, comme je le faisais observer, toute personne sachant faire une facture saura appliquer le timbre à elle correspondant.

Partant de cette donnée, que reste-t-il à faire pour la perception de cet impôt?

Établir des débits dans chaque commune ;

Créer des receveurs chargés de vendre les timbres à ces débits;

Des receveurs généraux chargés de centraliser les recettes et de les transmettre au trésor.

Si à cela nous ajoutons un nombre suffisant de surveillants dont nous parlerons tout à l'heure, nous aurons établi toute la filière administrative, et du même coup nous aurons supprimé tout l'organisme afférent :

Aux douanes,

Aux droits réunis,

A l'enregistrement,

Aux impôts fonciers et mobiliers,

Aux octrois, etc., etc.

A ce point de vue donc, simplicité extrême, puisque tout le formalisme créé par les lois successives qui se sont amoncelées disparaît devant :

Un seul acte du contribuable : acheter un timbre chez le débitant du pays ; .

Un seul de l'employé : recevoir l'argent et le transmettre à qui de droit.

Par suite :

Pour tous, plus de discussion sur les textes, plus de procès sur les interprétations; la science du droit est simplifiée au point de vue de l'impôt.

Pour le contribuable, plus de formalités à

remplir, plus d'opérations complexes, comme celles des douanes, de l'enregistrement, qui exigent des hommes spéciaux pour les comprendre et les appliquer.

Un timbre passé sur les lèvres, appliqué sur la facture, revêtu de la signature de l'imposé, voilà, je ne saurais trop le répéter, voilà tout le formalisme.

Mais je vois poindre une objection qui m'a déjà été faite et que je ne veux pas fuir : c'est la difficulté de forcer le public à appliquer l'impôt.

Il semble que rien ne sera plus facile que de l'éluder, et que, par conséquent, quelque bien qu'il faille attendre de cet état de choses, il y faudra renoncer devant la presque certitude de la fraude exercée sur une large échelle. .

Cette objection n'a rien d'effrayant.

Dans mon premier travail, il m'avait répugné d'entrer dans les détails relatifs à cette partie de la question. Parler de pénalité quand il s'agit de progrès, de bien-être public, c'était presque déflorer l'œuvre.

Aujourd'hui je ne dois pas m'arrêter à cette primitive pensée.

L'idée a fait son chemin, elle s'est heurtée contre ce seul obstacle; je dois lever cet obstacle en indiquant les moyens d'assurer la perception de l'impôt.

Ces moyens devant faire l'objet d'une loi nouvelle, je vais essayer de formuler cette loi dans l'avant-projet qui va suivre.

Cet avant-projet, tout en reprenant les conditions générales sous lesquelles l'impôt unique pourra s'exercer, démontrera en même temps que toutes les stipulations préexistantes touchant l'impôt devront disparaître; que, par conséquent, le code du contribuable se résumera désormais par une loi, unique, comme l'impôt qu'elle doit régir.

PROJET DE LOI RELATIF A L'IMPOT UNIQUE.

(Avant-projet.)

TITRE I.

Dispositions générales.

ART. 1. Tous impôts existant actuellement sont supprimés et remplacés par une taxe unique dont le taux sera chaque année déterminé par la délégation nationale.

Cette taxe sera applicable à toutes les factures, négociations, transactions, quelle qu'en soit la nature.

Art. 2. La taxe indiquée par l'article 1ᵉʳ sera perçue à l'aide de timbres mobiles vendus par l'État et ses agents.

Chaque timbre-impôt se scindera en deux parties identiques;

L'une sera appliquée sur un livre spécial de factures que tout commerçant devra avoir, ou sur la pièce que conservera le vendeur ;

L'autre sera apposée sur la facture ou la pièce qu'emportera l'acheteur et qui rappellera la vente, la négociation ou la transaction.

Chaque fraction de timbre sera revêtue de la signature de l'imposé, laquelle devra s'étendre jusque sur le corps de la facture ou pièce en tenant lieu.

Art. 3. Le coût du timbre et son application incomberont au vendeur sans préjudice toutefois de la garantie de l'acheteur envers l'État.

Art. 4. Dans le cas où une fraction quelconque de la facture ne correspondrait pas à la valeur exacte du timbre, la différence profitera toujours à l'État.

ART. 5. Les timbres porteront tous, de semaine en semaine, leur date de fabrication.

Ils seront partagés par une ligne diagonale, permettant la séparation aisée des deux parties qui doivent constituer l'acquit des imposés.

Ils auront pour dénomination *la valeur qu'ils doivent couvrir,* ce qui constituera la série suivante :

		TEINTE.
Timbre pour 0 fr.	25	Blanche.
— 0	50	Noire.
— 1	»	Bleue.
— 2	»	Verte.
— 3	»	Bistre.
— 5	»	Orange.
— 10	»	Jaune.
— 25	»	Carminée.
— 50	»	Rouge.
— 100	»	Violette.
— 500	»	Bleue et rouge.
— 1,000	»	Bleue et blanche.
— 5,000	»	Jaune et rouge.
— 10,000	»	Jaune et blanche.
— 25,000	»	Verte et noire.

ART. 6. Tout négociant ayant pour spécialité la vente au détail, ou tout fabricant ayant

ouvriers, sera libre d'acquitter en bloc les droits qui pourraient être perçus en détail.

Il devra faire la déclaration de cette volonté à la recette centrale de son canton et s'engager par sa déclaration à acquitter :

Soit sur ses factures d'entrées,

Soit sur ses feuilles de paye,

Le droit qu'il serait obligé de payer au fur et à mesure de sa vente au détail ou de ses paiements.

Il devra de plus s'engager à présenter ses factures ainsi acquittées à toutes visites de l'inspecteur délégué, lequel lui aura préalablement justifié de ses pouvoirs.

Afin de faciliter la vérification, les timbres affectés au détail, tout en conservant la valeur indiquée en l'article 5, présenteront une forme différente.

TITRE II.

Dispositions pénales.

Art. 7. Toutes factures non revêtues du timbre édicté par la présente loi ne pourront être produites en justice.

Art. 8. Toute fraude vérifiée et reconnue

sera passible d'une amende envers l'État égale
à cent fois la valeur de la fraude, plus un
certain temps d'emprisonnement pouvant varier de un jour à un an, suivant la gravité du
préjudice.

Art. 9. La pénalité atteindra aussi bien le
vendeur que l'acheteur.

Art. 10. Sera considéré comme encourant la même pénalité toute apposition de
timbres périmés.

Art. 11. Tout officier public, syndic, liquidateur, huissier, avoué, notaire, etc., qui
dans une opération quelconque trouverait
une facture non revêtue du timbre-impôt,
devra en faire la déclaration immédiate, avec
dépôt des pièces à l'appui, au parquet du ministère public, sous peine d'engager sa propre
responsabilité et d'être substitué, envers
l'État, au lieu et place du délinquant.

Art. 12. La prescription ne pourra être
invoquée qu'au bout de dix ans.

Art. 13. Toutes factures ou pièces équi-
valentes (contrat de vente, bordereau de banquier, actes divers, etc., etc.) devront être conservées par les parties pendant la même durée.

Art. 14. Les reprises de l'État s'exerceront par privilége non-seulement sur le plus clair des biens du délinquant, mais encore en cas de mort, sur le plus net de sa succession.

ART. 15. Toute fraude reconnue et constatée donnera lieu à la production des livres du délinquant, pendant la période décennale précédente, et à la poursuite de tout autre délit qui y serait relevé.

ART. 16. Tout individu qui dévoilera la fraude sera acquitté de la pénalité qu'il aurait encourue en y participant.

ART. 17. Tout agent de l'autorité publique aura le droit de se faire représenter la facture de tous objets transportés sur la voie publique et de dresser procès-verbal contre quiconque ne serait pas porteur de la facture réglementaire.

TITRE III.

Dispositions administratives.

ART. 18. La vente au détail des timbres-impôt sera faite par les débitants de tabac.

Ceux-ci seront approvisionnés par des receveurs cantonaux qui correspondront direc-

tement avec le receveur général attaché à
chaque préfecture.

Ces derniers seront en rapport direct avec
le ministre des finances.

Art. 19. La valeur fixée pour le prix des
timbres aura cours au 1ᵉʳ janvier de chaque
année pour finir au 31 décembre de la même
année.

En conséquence, dès le 1ᵉʳ janvier de
chaque année, tout débitant devra être approvisionné d'une nouvelle série de timbres,
lesquels seront vendus ou échangés au public
moyennant différence.

Des règlements à intervenir régleront
l'emploi des timbres échangés et les délais
dans lesquels chaque débitant devra avoir
rendu ses comptes.

Art. 20. Un service d'inspecteurs ambulants sera créé pour surveiller l'application
de la loi et en assurer l'exécution.

§

Le projet de loi qui vient d'être énoncé
correspond à trois actions spéciales :

La première règle les conditions de l'impôt et sa mise en pratique;

4

La seconde comprend les dispositions pénales qui doivent empêcher la fraude de se
produire;

La troisième concerne la hiérarchie administrative.

A première impression, l'ensemble des
dispositions que comporte ce projet de loi,
surtout celles qui concernent la répression
de la fraude, peuvent paraître un peu dra-
coniennes. Mais, si l'on réfléchit qu'il vaut
mieux prévenir que punir, et que pour prévenir il faut non-seulement rendre la faute
difficile, mais encore faire apparaître la pénalité redoutable, on verra que le meilleur
mode d'assurer l'efficacité de l'impôt, c'est
justement de faire que le bénéfice produit
par la fraude soit, par son peu d'importance,
hors de proportion avec les conséquences
qu'elle entraîne.

La fraude, en effet, ne veut pas de petits
bénéfices. Il lui faut une marge large, lui permettant de compter avec la répression et de
la supporter quand elle vient avec ses reprises.

Donc, faire que le bénéfice que produi-

rait la fraude soit réduit, que la pénalité soit
grande, ce sera la faire disparaître.

Nous allons voir, en passant en revue les
différents articles de la loi présumée, que
l'impôt unique permet d'atteindre ces deux
conditions.

Pour procéder régulièrement à cette étude,
voyons d'abord à commenter le titre Iᵉʳ relatif à la mise en pratique de l'impôt.

§

Art. 1ᵉʳ. *Tous impôts existant actuellement
sont supprimés et remplacés par une taxe unique
dont le taux sera chaque année déterminé par une
loi sanctionnée par la délégation nationale.*

*Cette taxe sera applicable à toutes les factures,
négociations, transactions, quelle qu'en soit la nature.*

Cet article renferme trois propositions,
sur lesquelles il convient de nous étendre.

La première a trait à la suppression immédiate, lors de la promulgation de la loi,
de tous impôts existants.

Lorsque je conçus l'idée de l'impôt unique,
ma pensée n'avait pas été aussi absolue. J'avais
compris au contraire appliquer graduelle-

ment cet impôt par cinquième ou par dixième, suivant qu'il aurait été jugé convenable de mettre cinq ans ou dix ans à en compléter la réalisation.

Mais avec les douleurs qui nous accablent, avec les désastres que nous avons à réparer, ce n'est plus à temporiser qu'il faut nous arrêter, mais au contraire à agir. Je démontrerai plus loin l'importance de cette détermination, et par conséquent l'utilité qu'il y aurait à profiter immédiatement des avantages qui doivent résulter de l'application du nouvel impôt.

La seconde proposition a trait à ceci :

Les charges ne sont pas les mêmes chaque année, les recettes par conséquent doivent pouvoir varier.

En se réservant la possibilité de fixer à chaque exercice, par une loi, la quotité de l'impôt, l'État conservera le moyen de suffire à tous les besoins.

Nous verrons plus loin encore à tirer parti de cette facilité.

La troisième proposition précise le but réel de la loi :—atteindre tout ce qui est transaction.

J'insiste sur cette énonciation.

En trouvant souvent sous ma plume le mot facture, négociant, commerçant, on pourrait considérer que j'ai eu surtout en vue de frapper le commerce.

Tel ne saurait être le mobile d'une mesure qui doit être générale avant tout.

Si ces appellations apparaissent fréquemment dans ce travail, c'est que le commerce, par la multiplicité de ses opérations, prête aisément à l'application répétée de l'impôt unique, qu'il rend plus complétement la pensée, mais il est bien entendu que l'impôt ne se limite pas à lui, qu'il s'étend au contraire à *toutes espèces de transactions pouvant se chiffrer*.

Qu'est-ce, en effet, que la vente d'actions industrielles, de propriétés immobilières, etc., etc. ?

Toutes opérations assimilables, quant à la loi, à une opération commerciale, puisque d'un côté il y a livraison d'un objet quelconque, de l'autre versement d'argent. Peu importe ensuite que le titre s'appelle facture, bordereau, etc., etc., le fait est le même, il constitue l'échange, l'application doit être la même.

Qu'il me soit permis de faire, dès à présent, remarquer à quelle simplicité extraordinaire cette assimilation conduit.

Il n'y a plus ici à s'occuper de la qualité des parties, de la nature de la transaction, du titre de ceux qui l'ont réalisée; la loi ne voit qu'une chose : vous avez vendu, vous avez été payé, versez à l'État son dû. Ceci expliqué, qu'il soit dès lors entendu qu'en tout ce qui précède ou ce qui va suivre, ce n'est pas du commerce seulement qu'il est question, mais de la généralité des transactions.

ART. 2. *La taxe indiquée par l'article 1ᵉʳ sera perçue à l'aide de timbres mobiles, vendus par l'État et ses agents.*

Chaque timbre-impôt se scindera en deux parties identiques :

L'une sera appliquée sur un livre spécial de factures que tout commerçant devra avoir ou sur la pièce que conservera le vendeur;

L'autre sera apposée sur la facture ou la pièce qu'emportera l'acheteur et qui rappellera la vente, la négociation ou la transaction.

Chaque fraction de timbre sera revêtue de la signature de l'imposé, laquelle devra s'étendre

*jusque sur le corps de la facture ou pièce en tenant
lieu.*

Cet article fixe le mode d'application de
l'impôt, il se subdivise également en trois
propositions principales :

La première concerne le mode de perception. Il est inutile d'insister sur les facilités
qu'apporte l'application des timbres mobiles.

Leur emploi est depuis longtemps appré-
cié par l'usage des timbres-poste et de
certains timbres mobiles vendus par l'administration pour les effets de commerce, journaux, etc.

La seconde proposition mérite plus d'attention. Comme nous le verrons plus loin, il
est nécessaire que vendeurs et acheteurs
restent responsables devant la loi. Mais, pour
que cette responsabilité ne puisse pas devenir une illégalité, il est nécessaire que
chaque partie puisse conserver devers elle la
preuve de l'acquit de l'impôt.

En divisant diagonalement le timbre et
ne lui laissant que des attaches facilement
séparables, on comprendra aisément que pour
le débitant de timbres, il n'y aura qu'une

unité; mais que cette unité se divisera chez l'imposé en deux fractions : une restant sur ses livres; l'autre allant avec la facture chez l'acheteur. Chacun d'eux, cette opération faite, conservera ainsi la preuve de l'acquit de l'impôt.

La troisième proposition à trait à la précaution nécessaire pour périmer les timbres et empêcher leur réception.

En les maculant par la signature, en faisant porter cette signature jusque sur le corps de la pièce à timbrer, il devient impossible de retirer le timbre sans que la trace de la fraude ne subsiste; celle-ci deviendra donc de ce chef impossible.

ART. 3. *Le coût du timbre et son application incomberont au vendeur, sans préjudice toutefois de la garantie de l'acheteur envers l'État.*

Si la loi ne précisait rien à cet égard, la question de l'apposition du timbre ferait naître à chaque opération des débats, et tendrait à un déclinatoire de responsabilité qui rendrait la répression de la fraude plus difficile.

La loi ne peut tolérer cet état dubitatif.

Il faut que son action soit nette, qu'elle

ait devant elle un être responsable, que le
magistrat sache, dans l'appréciation qui lui
est laissée, à qui incombe la faute sans possibilité d'excuse ou d'allégation.

Ce résultat est atteint par l'article 3,
qui ne laisse subsister aucun doute sur ce
sujet.

En ajoutant que cette disposition ne dispense pas l'acheteur de la garantie qui lui
incombe, la loi établit de plus au profit de
l'État un contrôle permanent, dont la simplicité n'échappera à personne.

Par le fait même de l'exécution de la loi,
le vendeur se trouve en effet remplacer le
percepteur, tandis que l'acheteur, sous sa
propre responsabilité, devient au contraire
le contrôleur.

Où trouver, en fait d'administration, un
rouage aussi simple, aussi automatique,
aussi complet, aussi économique?

L'État non-seulement reçoit, mais il ne
paye rien, ni pour prélever l'impôt, ni pour
en vérifier le payement.

Est-ce que là n'est pas le *desideratum* de
tout système financier vraiment complet?

ART. 4. *Dans le cas où une fraction quel-*

*conque de la facture ne correspondrait pas toujours
à la valeur exacte du timbre, la différence profitera toujours à l'État.*

Ceci n'a qu'un but : éviter toute ambi-
guïté.

Il est bien évident que ces fractions ne
porteront jamais que sur des sommes infiniment petites, puisque la division, nous le
verrons dans un instant, va jusqu'à la taxe
prélevable sur 25 centimes. Mais même, pour
ces infimes détails, il ne faut pas qu'il y ait
doute, hésitation, discussion; et, comme l'État
est en résumé la personnification de tous,
c'est lui qui, lorsqu'il y aura différence, en
devra profiter.

Cette différence, je le répète, ne pourra
s'exercer que dans une limite extrêmement
réduite, le respect de la propriété de chacun
devant, à côté des droits de l'État, trouver
la plus large satisfaction.

ART. 5. *Les timbres porteront tous de semaine
en semaine leur date de fabrication.*

*Ils seront partagés par une ligne diagonale
permettant la séparation aisée des deux parties,
qui doivent constituer l'acquit des imposés.*

Ils auront pour dénomination la valeur qu'ils

doivent couvrir, ce qui constituera la série sui-
vante, etc., etc.

Le premier paragraphe a pour but et
sous deux points de vue différents d'empêcher la fraude :

1° Il atteint ceux qui penseraient à conserver des factures non timbrées et à y
apposer, au moment d'être pris, le timbre
réglementaire, ou encore qui, ne signant
pas sur les timbres, pourraient espérer les
utiliser plusieurs fois.

Avec la date, il sera impossible de conserver des timbres pour l'occasion, ou, en cas
de contestation inopinée, d'apposer un timbre
du jour, puisque ceux qu'on pourrait employer alors se trouveront dans une moyenne
récente, facile à reconnaître.

2° Il vise le fait que voici :

La valeur du timbre, comme nous l'avons
vu dans l'article 1er, est destinée à changer
chaque année. Il fallait donc réserver à l'État
la possibilité d'échanger les timbres, et éviter en même temps que des détenteurs peu
scrupuleux, si les timbres augmentaient, ne
conservassent provision de ceux émis anté-
rieurement à bas prix.

La date donnera à l'administration la facilité de régulariser les choses sans que les
intérêts de l'État puissent souffrir.

Je dis de l'État, car si les timbres venaient
à baisser, ce qui se présentera, nul doute
que tout le monde saurait faire échanger son
stock; mais y eût-il des oublieux ou des
ignorants, ils ne seraient pas victimes de la
loi, la date permettant, dans un délai suffisant, de leur rendre justice.

Le deuxième paragraphe n'a pour but que
de régulariser la faculté indiquée par l'art. 3,
laquelle laisse à l'acheteur la possibilité d'em-
porter son acquit.

Le troisième paragraphe complète les facilités énoncées et relatives au changement
annuel qui peut survenir dans la valeur du
timbre.

Dans ce but, au lieu de faire des timbres
de 0,0025, 0,005, de 1 cent., 2 cent., etc.,
lesquels forceraient chaque fois à répéter des
calculs compliqués, la loi adopte une unité
de timbre — le 1 pour 100. — Cette disposition permet de pouvoir, par un simple calcul
mental, aisément appliquer l'impôt; les chiffres présentés par la facture, divisés par 100,

représentant toujours la valeur nominale, en timbres, de la taxe.

Je prends un exemple :

Voici une facture montant à 1750 francs. Puisque la valeur nominale de l'impôt en timbre est de 1 pour 100, j'ai donc nominalement 17 fr. 50 c. de timbre à y ajouter, soit :

Un timbre de 10 fr.	» c.		
— de 5	»		
— de 2	»		
— de » 50			

Soit : 17 fr. 50

Mais il n'est pas dit que ces timbres m'auront été vendus. . . . . . . 17 fr. 50 c.

Si l'année a été bonne et que l'État ait fixé la quotité du revenu à 50 pour 100, par exemple, ces timbres m'auront coûté 17,50 × 0,50 = .   8 fr. 25 c.

Si elle a été moyenne et qu'il ait fixé cette quotité à 75 pour 100, ils m'auront coûté 17,50 × 0,75 = . . . 13 fr. 12 c. 1/2

Si elle a été mauvaise et
qu'il ait fallu arriver à 1
pour 100, j'aurai dû débour-
ser : 17,50 × 1 = ... 17 fr. 50 c.

Si enfin elle a été désas-
treuse et que l'impôt ait été
porté à 1 1/2 pour 100, j'au-
rai payé les mêmes timbres 26 fr. 25 c.

Ainsi donc, on le voit maintenant, sans
que la forme représentative de l'impôt ait à
changer, il se prête à toutes les exigences;
mais en même temps il devient le thermo-
mètre permanent de la fortune publique. Il
chiffre, en effet, à chaque instant, la situation
du moment, nous rappelant constamment aux
grandes considérations que nous avons trop
oubliées : la valeur du fonctionnement de
l'État et la nécessité de compter.

Art. 6. *Tout négociant ayant pour spécialité la
vente au détail, ou tout fabricant ayant ouvriers,
sera libre d'acquitter en bloc les droits qui pourraient être perçus au détail.*

*Il devra faire la déclaration de cette volonté
à la recette centrale de son canton et s'engager
par sa déclaration à acquitter, soit sur ses fac-*

tures d'entrée, soit sur ses feuilles de paye, le droit qu'il serait obligé de payer au fur et à mesure de la vente au détail ou de ses payements.

Il devra de plus s'engager à présenter ses factures ainsi acquittées à toutes visites de l'inspecteur délégué, lequel lui aura préalablement justifié de ses pouvoirs.

Afin de faciliter la vérification, les timbres affectés au détail, tout en conservant la valeur indiquée en l'article 5, présenteront une forme différente.

Cet article répond à l'objection qui m'a été le plus souvent répétée.

Et le détail, me disait-on?

Il paraît effectivement difficile de percevoir l'impôt unique sur 5 centimes de fil, 10 centimes de poivre, une chandelle, etc.

Mais avec la disposition que présente le premier paragraphe de l'art. 6, la difficulté se simplifie notablement, ou, pour mieux dire, elle disparaît complétement.

C'est le détaillant qui, au lieu de se donner la peine d'appliquer l'impôt au détail, le perçoit en gros.

L'État perd, il est vrai, le prélèvement de la taxe sur le bénéfice que ce détaillant peut faire, mais ce sacrifice est peu important eu égard à la simplicité de la combinaison.

Le paragraphe 2 de cet article stipule la première formalité imposée au détaillant.

C'est la déclaration préalable qu'il doit faire de son intention d'acquitter la taxe.

Cette déclaration est nécessaire, la liste des commerçants ainsi spécialisée devant être remise aux inspecteurs en tournée.

Le paragraphe 3 a trait à la seconde formalité imposée au détaillant.

Elle se résume par l'engagement que prend celui-ci de soumettre ses factures à toute réquisition du service d'inspection.

Cette exigence n'a rien d'exorbitant.

Si l'État concède à cette catégorie de commerçants une faveur certaine, celle de la débarrasser à la vente de toute préoccupation fiscale, il doit, lui, conserver le droit de s'assurer que cette concession ne conduit pas à la fraude.

La communication des factures n'a d'ailleurs pas d'inconvénients dans les conditions où s'exercera le contrôle.

S'il s'agissait d'employer pour le service d'inspection des fonctionnaires à poste fixe,

on pourrait craindre des indiscrétions qui
répugneraient au commerce.

Mais le service des inspecteurs doit être
essentiellement ambulatoire. N'ayant jamais
à constater qu'un fait : l'exécution de la loi,
ce qui se résumera par la vue des pièces
soumises à la vérification, il devient inutile
d'avoir des inspecteurss sédentaires.

Chacun d'eux, au contraire, devra sans
cesse parcourir des contrées nouvelles, le
service sera ainsi mieux assuré au point de
vue de la surveillance générale, tout en
donnant satisfaction aux susceptibilités qui
pourraient s'élever.

Ainsi donc, grâce à ce simple mécanisme,
nous écartons l'objection qui paraissait à
tous comme étant l'écueil devant lequel devait échouer le nouvel impôt.

Le paragraphe 4 a trait à la forme donnée
aux timbres vendus pour le détail.

Les teintes restant les mêmes, il est facile
de comprendre qu'en modifiant la contexture
du timbre, cette simple disposition permettra
de vérifier d'un seul coup d'œil si l'impôt de
détail a été véritablement acquitté.

Ici se terminent les dispositions concernant l'établissement de la loi et son mode de fonctionnement. Nous allons aborder le titre II, relatif aux dispositions pénales qui doivent en assurer l'exécution.

§

Le titre II de la loi commence par l'article 7, qui s'exprime ainsi :

ART 7. — *Toutes factures ou pièces non revêtues du timbre édicté par la présente loi ne pourront être produites en justice.*

La disposition édictée par cet article paraît en apparence peu importante. Elle a cependant des conséquences considérables. Dès mon premier travail, je les faisais ressortir par ces lignes que je vais reproduire :

« Devant cette mesure, l'intérêt même du commerçant ne lui permettra pas d'hésiter. Il se désarmerait, se mettrait à la merci des fripons, et malheureusement ceux-ci sont nombreux. Quant à ces derniers, pour qui la fraude est un jeu, ils sont plus méfiants que les honnêtes gens, raison sérieuse pour être sûr qu'ils n'oseront pas se priver d'une garantie, dont l'utilité, à un moment donné, pourrait être opportune. »

Cet énoncé reste vrai et à lui seul il constitue l'une des meilleures sauvegardes de l'impôt unique.

Quel est en effet le négociant qui oserait livrer ou recevoir de la marchandise sans la revêtir du timbre obligatoire, puisque cette formalité l'empêcherait de recourir à justice, s'il n'était pas payé, s'il était mal livré ?

Par le seul effet de cette disposition, chaque partie a donc intérêt, et ce, pour sa propre garantie, à exiger que satisfaction soit donnée à la loi.

On pourra m'objecter les payements au comptant, l'entente. Dans l'état actuel des affaires, ces cas seront rares. Voulant cependant examiner toutes les circonstances qui peuvent se prévoir, je vais un instant admettre la possibilité de semblables coïncidances.

J'admets donc deux hommes, également sûrs l'un de l'autre, et par conséquent croyant pouvoir jouir en paix de leur combinaison.

Mais l'article 11, que nous allons étudier dans un instant, est là.

Que l'un d'eux tombe en faillite ;

Qu'il soit forcé de produire, pour une tierce affaire, ses livres en justice ;

Qu'il meure et qu'un liquidateur entre proches survienne ;

Enfin, que l'imprévu, *et l'imprévu pendant dix ans prend toujours sa place*, et voilà mes gens devant les tribunaux, rendant compte du dommage causé, payant au centuple le produit de leur rapt, changeant l'honneur qui s'attachait à leur nom, contre la prison et l'infamie !

Quel est le commerçant qui osera subir semblables risques ?

Quel est celui que ne fera pas reculer une semblable perspective, alors surtout que, complétée par la disposition que prescrit l'art. 15, il lui faudra rendre gorge, non pas seulement pour le fait découvert, mais pour toutes les violations de la loi qu'il aurait pu commettre pendant une période de dix ans?

ART. 8. *Toute fraude vérifiée et reconnue sera passible d'une amende envers l'État égale à cent fois la valeur de la fraude, plus un certain temps d'emprisonnement pouvant varier de un jour à un an, suivant la gravité du préjudice.*

Les pénalités indiquées par cet article
peuvent paraître exagérées, mais j'ai expliqué
l'esprit dans lequel était conçue la loi qui
régit l'impôt unique, cet article est la complète expression de cette manière devoir.

En effet, si d'une part l'impôt unique
réduit tous les impôts exorbitants à une taxe
modérée, et par conséquent ôte à la fraude le
caractère de métier qu'elle empruntait de certaines circonstances, il faut encore écarter
de la pensée de chacun l'idée d'essayer de
frauder dans une proportion, bien moindre
c'est vrai, mais qui paraîtrait à la portée de
tous.

Le moyen d'atteindre ce résultat, c'est justement de mettre à côté du petit gain, laissé
par l'impôt unique, une pénalité grande.
Nul ne tentera d'encourir des risques qui se
traduiraient par un bénéfice de quelques
francs.

En précisant cette situation, l'article 8
sauvegarde donc, non-seulement les intérêts
du trésor, mais prévient les intentions coupables qui pourraient se produire.

Si la loi ne punissait pas aussi sévèrement
le faussaire, le nombre de billets de banque

faux qui seraient en circulation ôterait à la banque tout prestige. Ce que la loi sait faire pour une institution de crédit, n'a-t-elle pas le droit, plus complet encore, de le rescrire pour défendre ses propres intérêts ?

ART. 9. *La pénalité atteindra aussi bien le vendeur que l'acheteur.*

Ceci est justice. La fraude avec l'impôt unique ne pourrait être faite que du consentement des deux parties ; toutes deux sont coupables, par conséquent toutes deux doivent être atteintes par la loi. Toutefois, comme la peine est la même pour chacune d'elles, qu'elle peut s'exercer même contre l'héritage, il n'y a pas lieu à déclarer la solidarité, laquelle viendrait, du reste, détruire le bénéfice de l'article 16.

ART. 10. *Sera considérée comme encourant la même pénalité toute apposition de timbres périmés.*

Cet article n'a pas besoin d'être développé. Il est clair que, quelle que soit la condition dans laquelle la fraude s'exerce, elle est également punissable et que, par conséquent, la loi doit l'atteindre par la même coercition.

Au libellé de cet article aurait pu être jointe une disposition visant le crime de faux ou d'altération de timbre. Mais ce fait tombant dans les attributions d'une loi dejà existante, il m'a paru inutile de le rappeler par une disposition spéciale.

ART. 11. *Tout officier public : syndic, liquidateur, huissier, avoué, notaire, etc., etc., qui dans une opération quelconque trouverait une facture non revêtue du timbre-impôt, devra en faire la déclaration immédiate, avec dépôt des pièces à l'appui au parquet du ministère public, sous peine d'engager sa propre responsabilité et d'être substitué, envers l'État, au lieu et place du délinquant.*

En obligeant par cet article tous officiers publics à produire les pièces frauduleuses qu'ils rencontreraient dans le cours de leurs opérations, la loi n'émet aucune prétention exagérée.

Tout officier ministériel qui a en main la preuve d'un délit ne peut, sans consacrer ce délit, et par conséquent s'en rendre complice, se dispenser de signaler le fait à qui de droit.

Il est encore naturel de rendre ces mêmes agents responsables de leur négligence à cet égard.

Si les lois leur confèrent certaines immunités qui les rendent aptes à garantir la fortune particulière et à retirer profit de cette garantie, il est juste qu'en retour de cette situation, la première charge qui leur incombe soit précisément de faire respecter la fortune publique, ou à payer de leurs deniers le préjudice causé à l'État par leur coupable complaisance.

Art. 12. *La prescription ne pourra être invoquée qu'au bout de dix ans.*

Cette disposition est nécessaire pour corroborer l'appréhension que laissent au citoyen indélicat les articles 7, 8, 9.

Il faut en effet que le temps, en s'écoulant, ne puisse devenir une garantie d'impunité.

En rendant la fraude justiciable des tribunaux, même longtemps après son accomplissement, cet article fournit à la loi une arme puissante contre la mauvaise foi.

Reste à savoir maintenant si la durée de dix ans doit être atténuée ou prolongée. Il y a évidemment là une question qui mérite examen, mais dont l'appréciation ne doit pas prendre place ici. Ce qu'il importe seulement de rappeler, c'est qu'en semblable matière ce qui doit surtout préoccuper le législateur, c'est moins' de punir que de rendre le crime impossible, en préparant difficultés sur difficultés à qui voudrait le commettre.

ART. 13. *Toutes factures ou pièces équiva-lentes (contrat de vente, bordereau, actes di-vers, etc., etc.) devront être conservées par les parties pendant la même durée.*

Cet article est le corollaire du précédent. Il ne reproduit d'ailleurs qu'une prescription déjà existante.

Les officiers ministériels conservent leurs minutes autrement longtemps. Quant au commerce, la loi lui a depuis longtemps im-posé cette obligation. Si quelques situations échappent encore à cette mesure, rien de plus naturel que de les ramener à la règle commune. Non-seulement cet ordre de choses donnera sécurité à l'État, mais il constituera pour les particuliers une garantie précieuse en bien des circonstances.

ART. 14. *Les reprises de l'État s'exerceront par privilége, non-seulement sur le plus clair des biens du délinquant, mais encore en cas de mort, sur le plus net de la succession.*

La première proposition est conforme à

ce que notre législation a toujours stipulé en matière d'impôt.

La seconde a pour but d'éteindre toute tentative de fraude non-seulement dans les transactions commerciales, mais encore dans les partages entre vifs.

En atteignant l'héritage, même dans les mains de l'héritier, ce résultat sera obtenu.

Et en effet, ou la fraude portera sur des sommes insignifiantes, ou au contraire elle s'exercera sur un chiffre important.

Dans le premier cas, quel est le père qui, pour un minime bénéfice, exposerait les siens aux ennuis de poursuites toujours désagréables et onéreuses?

Dans le second, quel est celui qui s'exposerait à leur laisser une situation incriminable, pouvant leur causer un préjudice considérable?

ART. 15. *Toute fraude reconnue et constatée donnera droit à la production des livres du délinquant, pendant la période décennale précédente et à la poursuite de tout autre délit qui y serait relevé.*

Cet article répond au respect que doit avoir la loi pour le particulier, mais aussi à

la sévérité qu'elle doit savoir déployer quand
elle a été trompée.

La loi n'a pas le droit de suspecter personne de fraude. Elle n'a pas le droit de scruter le domicile; elle procède par la confiance.

Mais quand le dol a été reconnu, ce n'est
plus le négociant, le citoyen intègre qu'elle
a devant elle, mais le fraudeur, celui qui a
volé les deniers publics.

Elle a le droit de le traiter, celui-là, en
justiciable, et d'inventorier sur ses propres
livres la nature et la valeur du dommage à
elle causé.

Qu'on le comprenne donc bien, la loi
ainsi conçue n'est pas une mesure inquisi-
toriale, comme on le pourrait tout d'abord
supposer; elle supprime au contraire toutes
les mesures vexatoires des lois et décrets en
vigueur actuellement. Elle suppose, je le répète, tous les citoyens honnêtes et bien in-
tentionnés; mais elle agit avec toute sa
rigueur contre celui qui a menti au respect
qu'elle avait en lui.

Elle est par ce fait autorisée à lui dire :

Vous avez trompé; faites la preuve que

vous n'avez pas abusé plus de la confiance
qui était en vous.

ART. 16. *Tout individu qui dévoilera la
fraude sera acquitté de la pénalité qu'il aurait
encourue en y participant.*

Cette disposition, qui semble exciter à la
délation, c'est-à-dire à l'acte qui, à bon droit,
mérite le plus la réprobation publique; cette
disposition, dis-je, semblerait devoir être
proscrite de toute loi honnête, aussi ma première pensée avait-elle été de la supprimer.

Mais il ne faut pas perdre de vue le but,
ou plutôt le mobile de la loi.

Ce mobile, c'est de faire craindre les conséquences de la fraude.

Pour rendre cette crainte aussi efficace
que possible, il fallait que le coupable ne vît
pas, dans la pénalité qui atteindrait son asso-
cié, une garantie pour lui-même.

Il faut au contraire que chaque complice,
pouvant être exonéré par le fait même de la
dénonciation, reste envers son co-coupable
comme une perpétuelle menace.

Ceci expliqué, il reste évident que ce n'est
pas la dénonciation que veut la loi (ce que
demandent cependant même par une récom-

pense certaines dispositions de nos codes), mais simplement ôter à la fraude une garantie qui lui donnerait sécurité. En un mot, elle désarme le coupable de la force que lui donnerait la solidarité du crime.

ART. 17. *Tout agent de l'autorité publique aura le droit de se faire représenter la facture de tous objets transportés sur la voie publique, et de dresser procès-verbal contre quiconque ne serait pas porteur de la facture réglementaire.*

Je dois de suite reconnaître que cette disposition peut soulever certaines répugnances. La nécessité de faire accompagner la marchandise par la facture peut entre autres choses paraître une mesure gênante.

C'est donc plutôt comme mémoire que j'indique cet article que pour en préconiser l'adoption.

Le mauvais côté de cette disposition étant reconnu, je dois maintenant dire les motifs qui militent en sa faveur.

Elle est en complet accord avec l'esprit de la loi.

En effet, le principe de celle-ci, nous l'avons vu, est de respecter le for intérieur d'une manière absolue. Mais la rue, c'est le

domaine public, elle a le droit d'y conserver
son action.

Elle est en cela bien moins exigeante que
les lois sur les liquides qui vont s'exerçant
jusque chez les particuliers. Elle s'arrête,
tant que la confiance par elle accordée n'a
pas été violée, elle s'arrête, dis-je, au seuil
du domicile.

Maintenant exercera-t-elle bien souvent
son empire dans la rue?

Non; mais il peut être utile que ce droit
soit conservé, quitte à le régir par des in-
structions spéciales.

Le commerçant honnête n'aura rien à
redouter de cette mesure. Que pourra lui
faire le visa d'une marchandise en circulation?

Mais l'homme qui veut la fraude aura
lieu de craindre.

Il peut donc être bon qu'il sache que la loi
conserve un moyen de surveillance.

A ces différents titres j'ai cru devoir conserver cet article, que j'avais d'abord re-
poussé. L'avenir dira si il y a·lieu, oui ou
non, de le maintenir définitivement.

L'article 17 termine l'ensemble des dispositions spéciales édictées par la loi en vue de garantir la rentrée de l'impôt public.

Voyons la dernière partie. Celle-ci règle les rapports administratifs.

§

L'article 18 stipule ceci :

La vente en détail des timbres-impôt sera faite par les débitants de tabac.

Ceux-ci seront approvisionnés par des receveurs cantonaux qui correspondront directement avec le receveur général attaché à chaque préfecture.

Ces derniers seront en rapport direct avec le ministre des finances.

Cet article indique la série de fonctionnaires qui doit mettre l'imposé à même de s'approvisionner constamment.

Il était naturel de charger du détail, moyennant une remise sur la vente, les marchands de tabac déjà en contact avec le public.

Quant aux deux autres ordres d'emplois,

ils n'ont qu'un but : faciliter l'approvisionnement, tout en centralisant les recettes au
trésor.

Art. 19. — *La valeur fixée par le prix des
timbres aura cours au 1ᵉʳ janvier, pour finir
au 31 décembre.*

*En conséquence, dès le 1ᵉʳ janvier de chaque
année, tout débitant devra être approvisionné d'une
nouvelle série de timbres, lesquels seront vendus
ou échangés au public moyennant différence.*

*Des règlements à intervenir régleront l'emploi
des timbres échangés et les délais dans lesquels
chaque débitant devra avoir rendu ses comptes.*

Cet article a trait à deux faits principaux :

Le premier concerne la facilité déjà expli-
quée, que conserve l'État, de modifier chaque
année la valeur de l'impôt;

Le second concerne les mesures à prendre pour que le stock qui reste à fin d'exercice chez le débitant ne puisse servir à une
spéculation frauduleuse.

Pour atteindre ce double résultat, il faut
deux choses :

1° Que dès le 1ᵉʳ janvier la série nouvelle
soit mise en circulation, l'échange des an-

ciens timbres, contre les nouveaux, n'offrira
dès lors aucun inconvénient;

2° Que le débitant rende dans le délai le
plus bref compte de ses existences.

Cette condition est aisée à remplir.

Il n'y a là effectivement à exécuter qu'un
travail analogue à celui qui se fait chaque
soir dans toute maison importante : un résumé de caisse.

Quant aux timbres qui auront été retirés
de la circulation, ils ne seront pas perdus.
Revêtus par les soins de l'administration d'un
stigmate déterminé, ils pourront être dans le
cours de l'année rendus à la circulation.

ART. 20. — *Un service d'inspecteur ambulant
sera créé pour surveiller l'application de la loi et
en assurer l'exécution.*

Ce service ne sera pas compliqué.

Il ne s'agit plus, en effet, de texte de loi
à expliquer, à commenter, ce qui dans l'administration actuelle exige souvent des hommes spéciaux, ayant fait des études prolongées.

Il ne faudra que des agents constamment
en tournée, vérifiant un fait unique, la fraude,
quand elle leur sera signalée.

Ceux - ci, je l'ai dit, ne seront pas à

6

poste fixe comme cela existe dans l'administration actuelle, mais bien essentiellement
ambulants.

A cet effet, ils seront mis à la fin de chaque trimestre, par la direction de Paris, à la
disposition du receveur général d'un nouveau
département.

Grâce à ce changement incessant dans la
surveillance, non-seulement il y aura garantie pour l'État, mais encore il ne saura y
avoir de suspicion de la part du particulier,
puisque personne, ne connaissant l'inspecteur, ne pourra l'accuser de complaisance
ou de sévérité.

Je n'irai pas plus loin dans l'examen de
cet avant-projet, lequel n'a certainement pas
la présomption de se présenter comme devant
faire autorité.

Sa portée est plus modeste, il a simplement pour but de démontrer l'exactitude de
deux faits que voici :

La possibilité de percevoir régulièrement
l'impôt unique ;

La certitude de pouvoir compter sur son
rapport.

Ces faits posés, je veux un instant revenir sur la fraude en elle-même et l'envisager d'une manière générale.

Les considérations que je vais avoir à déduire montreront que non-seulement son appréhension n'a plus rien de redoutable, ce qui du reste ressort de ce que je viens de démontrer, mais encore qu'au point de vue moral l'impôt unique présente sur les impôts actuels une haute supériorité.

Que sont, en effet, la plupart de ces impôts ?

Des excitants à la fraude !

Et, en effet, quand on voit des droits comme ceux qui pèsent sur l'alcool, sur les vins, etc., etc., offrir des différences de 50, 100, 200 pour 100 avec le prix réel des choses, il est bien évident qu'apparaît aussitôt à l'esprit des gens peu timorés la possibilité de transgresser la loi.

Or à la possibilité suit l'excitation, et de l'excitation résulte vite l'action. J'ai donc raison de dire que les impôts à prélèvements considérables ont au fond un côté immoral, en ce sens qu'ils appellent la convoitise et lui fournissent aliment.

Mais avec l'impôt unique tout s'égalise, l'uniformité apparaît ; c'est partout le même droit, 1 pour 100, je suppose.

Que devient le bénéfice dans ces conditions ?

Insignifiant. Dès lors l'appât disparaît et par suite la fraude qui en est la conséquence.

Dirai-je maintenant qu'elle sera supprimée d'une manière absolue ?

Non, je n'irai pas si loin. Je crois au contraire que la perversité humaine saura encore tirer parti des circonstances, mais je dis qu'avec l'impôt unique elle sera infiniment moindre qu'avec les impôts précités.

Je dis que l'excitant aura disparu.

Je répète donc qu'à ce point de vue l'impôt unique est non-seulement utilitaire, mais qu'il a un caractère sérieux de haute moralité.

Moraliser, c'est évidemment faire comprendre qu'il est autant criminel de frustrer l'État que voler le particulier ; mais c'est aussi éviter la tentation, enlever au crime l'occasion, c'est en un mot rendre moins attrayant le chemin du mal.

Nous résumant : admettons ou plutôt comprenons que, dans une certaine limite, la fraude pourra encore se produire. Mais, tout en comptant avec elle, disons hautement que cette limite sera assez réduite pour qu'elle soit négligeable, et qu'en dernière analyse cette circonstance ne pourra en rien atténuer les services que doit rendre l'impôt unique qu'elle ne doit donc pas en reculer l'application.

§

LA PERCEPTION DE L'IMPÔT UNIQUE EST AISÉE ET ÉCONOMIQUE.

Je viens d'analyser article par article les différents points que doit toucher la loi pour régir l'application certaine de l'impôt unique.

J'ai fait ressortir de plus l'énorme différence qui sépare cet impôt, au point de vue de l'appât donné à la fraude, de ceux qui sont actuellement en vigueur.

Il me reste à démontrer que, dans son ensemble, la perception de l'impôt unique est aisé et économique.

Trois considérations doivent résumer cette partie de la question :

La première concerne la partie administrative ;

La deuxième, le coût du recouvrement de l'impôt ;

La troisième, la possibilité de l'étendre à tous les besoins.

Maintenant que les dispositions générales que comporte la loi proposée nous sont connues, quelques mots vont nous suffire pour élucider ces différents sujets ; voyons d'abord le premier point.

§

Et d'abord qu'est-ce que comporte la partie administrative ?

Une simple question de négoce que le premier venu peut résoudre.

L'État n'est plus cette personnalité fatigante, prélevant par des moyens plus ou moins impopulaires l'impôt qui lui est nécessaire ; c'est un simple fabricant de timbre.

Il les vend moyennant remise à des marchands en gros qui sont les receveurs généraux, ou qui, étant mieux dénommés, seraient les vendeurs principaux.

Ceux-ci les céderont à des marchands en demi-gros, qui à leur tour les revendront aux détaillants.

Ces derniers se chargeront de les tenir à la disposition du public.

Où peut-on voir rouages moins compliqués, dispositions plus pratiques, plus élémentaires ?

Mais ce n'est pas tout.

Jusqu'ici l'État était tributaire du public ; ses employés avaient surtout mission de faire payer.

Avec l'impôt unique ce sera le contraire ; ce seront ses propres vendeurs qui le payeront en se livrant de la valeur représentative de l'impôt.

Et tandis que jusqu'ici on voyait les receveurs généraux manier l'argent avec les ressources de l'État, ce seront eux maintenant qui donneront à l'État leur argent en échange des timbres-impôt. En un mot, la comptabilité de l'État se réduira à ce rôle :

Vendre au comptant.

Mais, trouvera-t-on aisément des agents possédant les avances nécessaires?

Plus qu'il n'en faudra.

Quelle situation aisée et simple sera en effet faite à ces nouveaux négociants!

Un portefeuille avec seize cases, et voilà leur magasin;

Le comptant, et voici leur manière de faire leurs rentrées;

De plus, tandis que le négociant ordinaire est obligé, lui, de subir la hausse, la baisse, en un mot l'imprévu du marché; les vendeurs de l'État, eux, percevront à coup sûr leur bénéfice, au moment même de la vente, puisque chacun d'eux le recevra en retenant une remise déterminée.

Ainsi donc, grâce à ce système, depuis l'État jusqu'au débitant, toute la hiérarchie que je viens d'indiquer trouvera sécurité et gain, puisque tous vendront au comptant et toucheront leur remise au moment de la livraison.

Restera une question, celle de la certitude de l'approvisionnement de chaque intermédiaire. Mais pour cela nous avons le service d'inspection, qui naturellement s'exercera

aussi bien sur les détenteurs de timbres que
sur l'imposé.

A lui incombera le devoir de vérifier l'importance du stock de chaque intermédiaire.

Avec cette simple mesure, qui assurera
l'approvisionnement nécessaire au public,
nulle préoccupation ne pourra subsister sur
le fonctionnement de l'impôt, puisque sa
rentrée, — le fait capital, — sera la première
conséquence de l'organisation décrite.

§

Le second point que nous avions à étudier est celui-ci : le coût du recouvrement
de l'impôt.

Pour résoudre cette partie de notre sujet,
voyons dans le dernier budget connu, celui pour 1871, ce que devait coûter la perception des recettes de l'État, défalcation faite
des télégraphes, des postes, des tabacs, qui,
je l'ai déjà expliqué, sont de véritables exploitations commerciales faites par l'administration.

Ces frais se résument ainsi :

Contributions directes. .	18,706,740 fr.
Enregistrement, timbre, domaines.	15,636,650 »
Douanes et sels.	28,274,610 »
Contributions indirectes.	29,790,420 »
Ensemble. . .	92,408,420 »

Pour un rapport présumé de contributions directes.	336,683,600 fr.
Enregistrement et domaines	469,061,416 »
Douanes et sels.	163,317,000 »
Contributions indirectes.	359,297,000 »
Ensemble . .	1,328,359,016 »

Soit 92 millions de frais pour une perception de 1328 millions de francs ou environ 7 pour 100.

L'impôt unique ne donnera lieu, lui, qu'à une remise à chaque intermédiaire.

En admettant 1/2 pour 100 pour le détail,

— 1/4 pour 100 pour la vente en gros,

— 1/4 pour 100 pour les receveurs généraux,

— 1 pour 100 pour les frais de fabrication, d'administration, inspection, etc.

_____

Ensemble, 2 pour 100, ce qui est exagéré, nous obtiendrons pour dépense totale 26,560,000 francs pour une recette de 1,328,000,000 francs.

Les frais de perception avec l'impôt actuel s'élevant à 92 millions et demi, ce sera en résumé une économie annuelle de 66 millions pour le Trésor.

Je sais qu'à ceci on pourra objecter que beaucoup d'employés seront supprimés, mais à cette observation la réponse est simple :

D'une part, l'État n'a pas charge de constituer des positions, quand même, mais bien de rémunérer des situations utiles à tous ;

De l'autre, il y a nombre de postes à créer qui correspondent à des besoins plus réels.

Ceux-là pourront être satisfaits et rendront au pays des services, que ne sauraient donner les rouages compliqués et purement automatiques de notre administration actuelle.

§

J'arrive au dernier point, la possibilité que conserve l'État de pouvoir étendre l'effet utile de l'impôt unique à tous les besoins du moment.

Le mécanisme de cette possibilité est simple, il ressort de l'application des articles 1, 5, 10 et 19 de la loi sus-énoncée et des commentaires qui ont été faits de ces articles.

L'État, dans l'esprit de la loi, a non-seulement le droit, mais le devoir de fixer chaque année la valeur de l'impôt. Cette disposition, essentielle au bien-être public, ne présentera dans la pratique aucune difficulté si nous nous rappelons que :

D'une part, l'article 10 rend passible des peines édictées contre la fraude tout emploi de timbres périmés. Or les factures portant

toutes la date d'expédition, on voit que ces
tentatives n'auraient pour conséquence qu'un
dol facile à reconnaître et tombant comme
toute autre fraude sous le coup de la loi ;

D'une autre, l'article 19 force, au 1er janvier, tous les débitants à changer la série
employée. Cette mesure étant combinée avec
les comptes rendus, la date des factures, le
service d'inspection, enfin la vue du public,
qui notoirement sait qu'à ce moment les timbres anciens n'ont plus cours ; tout ceci,
dis-je, rend impossible aux débitants la faculté de profiter de la fluctuation que l'État
peut déterminer.

En cette occurrence, et rien ne s'opposant
plus au libre exercice de cette faculté, elle
nous conduit à ce résultat immense, que dès
1868 je faisais remarquer :

Que la Chambre ou les Chambres, quelle
que soit en un mot la forme gouvernemen-
tale qui nous régira, n'auront plus besoin de
s'acharner à disséquer, discuter les applications possibles du budget;

Mais bien à scruter attentivement les
besoins du pays, à juger leur importance,
leur caractère d'opportunité. Puis, ceci étant

arrêté, à purement et simplement fixer par une appréciation facile la valeur du prix de la vente des timbres-impôt pendant l'exercice désigné.

Qu'il me soit permis de dire que le jour où ce système pourra être réalisé, la France sera vraiment grande.

Non-seulement parce que le bien pourra se produire partout où il sera utile;

Mais, parce que nulles limites ne pourront être posées à ses aspirations vers le bien; parce qu'alors l'impôt réalisé dans sa véritable acception, c'est-à-dire la participation de tous au bien-être commun, pourra enfin suffire à tout.

Ce jour-là, en présence de ce bien-être, possible à acquérir, facile à diriger, nul ne se plaindra de l'impôt. Tous ne sauront-ils pas que les biens par lui procurés n'auront été payés qu'en raison d'une équitable dissémination?

Ce jour-là, la France sera devenue une immense société coopérative, qui, tout en respectant et le capital et la fortune et la propriété, qui sont la juste récompense d'une

noble émulation, saura cependant épandre,
aussi largement que possible, les bienfaits
publics ;

Ce jour-là, nous aurons le communisme,
mais le communisme de la prospérité publique ;

Nous aurons le socialisme, mais le socialisme d'un État vivifié par la circulation de
ses propres ressources ;

Nous aurons, en un mot, mis une barrière
à l'impuissance d'un grand peuple, et plus
que jamais l'étude, le travail, trouvant aux
mille labeurs que déterminera cette organisation, une juste occasion de succès, demeureront respectables et honorés.

Mais laissons pour l'instant cet horizon
de bonheur, qui ne peut luire encore. Les
malheurs qui nous frappent nous appellent
à des devoirs plus pressants, donnons à ce
sujet notre attention immédiate.

L'IMPÔT UNIQUE ET L'INVASION.

La France vient de traverser l'épreuve la
plus douloureuse que puisse subir un pays.

Son sol a été meurtri par le pied étranger, ses campagnes ont été ravagées, ses lignes ferrées bouleversées, ses ponts détruits, ses routes coupées, etc., etc. Bref de tous côtés la ruine, la misère, ont été semées.

Or la ruine et la misère ne s'effacent que par un fait, l'argent.

De l'argent donc et beaucoup d'argent, c'est là l'objectif que le gouvernement doit poursuivre activement.

C'est à indiquer le moyen d'en trouver que nous allons consacrer les lignes qui vont suivre.

Il est difficile, au moment où nous écrivons, de préciser par des chiffres exacts l'estimation du dommage causé.

Cette estimation a du reste peu d'importance pour l'objet de notre étude, puisqu'il ne s'agit pas aujourd'hui de statuer sur ce dommage, mais bien de démontrer que, quelle qu'en soit la portée, l'impôt unique est assez puissant pour le combler.

Nous procéderons donc par hypothèse et, généralisant, nous ne considérerons que les différentes sortes de besoins auxquels il faut

immédiatement parer, laissant à plus tard
l'analyse du mal et l'appréciation de sa valeur.

Ces besoins peuvent se classer ainsi :

L'indemnité due aux particuliers;

Celle due aux compagnies anonymes (chemins de fer ou autres);

La réparation du dommage causé aux
biens de l'État ou des communes;

Les besoins militaires.

Sur le premier sujet, je répéterai ce que
je disais au début de ce travail : Si jamais
devoir fut sérieux, si jamais assistance mu-
tuelle fut nécessaire et sainte, c'est assurément celle qui consiste à faire que ceux
qui n'ont pas souffert viennent en aide à ceux
qui ont souffert.

Si cette solidarité équitable et sacrée pouvait trouver chez quelques-uns résistance, si
la grande voix de l'équité et de la vraie fra-
ternité ne trouvait pas écho en leur cœur,
que ceux-là pensent que demain pareil sort
peut leur être réservé. Qu'ils songent qu'en
réparant ainsi le préjudice causé à autrui,
l'égoisme même trouvera satisfaction, puisque,
que, par cette assurance naturelle et néces-

7

saire, la propriété recevra une nouvelle et puissante consécration.

Quel que soit donc le mobile qui puisse guider, la nécessité d'agir reste absolue, elle implique la réparation immédiate du mal causé.

Pour ne pas reculer plus tard devant l'énormité de la plaie à combler, habituons immédiatement notre esprit à la pensée qu'elle sera très-grande. Admettons qu'il faille compter de ce chef avec une somme de 5 milliards.

Soit donc, pour le remboursement des dommages causés à la propriété particulière en général. . . . . 5 milliards.

Passons maintenant à la propriété mobilière.

Elle est formée par la réunion des capitaux disponibles, qui, sous forme d'actions et groupés en sociétés, exploitent pour un temps plus ou moins long des cessions de l'État. Là nous trouvons les chemins de fer, les canaux, certains ponts, etc., etc.

Pour celle-là, l'État possède un moyen simple de réparer le dommage, lequel ne demandera pas de dépenses immédiates et nous dispense de nous en préoccuper autrement.

Ce moyen, c'est de prolonger la durée des concessions qui sont faites, eu égard au dommage supporté.

Il est évident que si l'actionnaire a acheté pour 500 francs un droit d'exploitation de 50 ou de 99 ans; en lui donnant 5 ans, 10 ans, 15 ans en plus, suivant l'importance du dommage causé, — ce qui naturellement rentre dans le domaine de l'appréciation, — on lui aura rendu la valeur perdue. Ceci étant, les compagnies trouveront vite, à l'aide d'obligations, le capital utile à la régénération de leurs exploitations.

L'État perdra, c'est vrai, en aliénant pour un temps plus long les droits par lui acquis. Mais l'État, c'est la fortune de tous; il est donc naturel que sous cette forme il vienne aider à la réparation.

En résumé, de tous les dommages existants, celui causé à la propriété mobilière est assurément le plus facile à vérifier comme à combler.

Nous n'aurons donc pas autrement à nous y arrêter, pas plus qu'à le faire entrer en ligne de compte.

Arrivons au domaine de l'État, à celui des communes.

Ici, sous toutes formes, nous retrouvons la dévastation : édifices brûlés, forêts dévastées, routes coupées, ponts sautés, etc., etc.

Admettons de ce chef 1 milliard.

Soit pour la réparation des propriétés de l'État et de celles des communes,   1 milliard.

Mais ce n'est pas tout, un devoir encore plus sérieux que ceux que nous venons de constater surgit des circonstances présentes. Ce devoir, c'est la défense du pays et sa réorganisation au point de vue de la guerre.

Cette question, dont le caractère de gravité ne peut échapper à personne, se scinde en deux parties principales :

La défense du sol, par la reconstruction de nos places fortes détruites ou la création de fortifications nouvelles;

Celle de notre puissance militaire, par la réorganisation de nos armées et la construction d'un matériel de guerre en rapport avec nos besoins.

Qu'il me soit permis d'entrer dans quelques détails sur ces différents sujets. La dou-

loureuse épreuve que nous traversons m'au-
torise à y appuyer et à montrer que nous avons
là, immédiatement, un immense effort à faire.

Pour juger sciemment, laissons de côté et
la sourde convoitise de la Prusse, que l'histoire flétrira un jour, et les fautes de ceux-là
qui ont aveuglément précipité les faits. Ne
voyons que la situation, mais voyons-la froidement.

Vauban est apparu sous Louis XIV et a
créé un système de défense justement remar-
quable, mais sur la force duquel nous nous
sommes malheureusement abusés, et voici
comment :

Lorsque Vauban, dans ses hardies concep-
tions, traçait nos fossés et nos murailles et en
faisait à juste titre des monuments du génie,
il agissait en vue de l'artillerie du temps,
l'admettant même aussi complète que possible.

Mais le temps a marché, et tandis que les
murailles, elles, ne pouvaient reculer, la
portée des canons s'est considérablement
accrue.

Qu'est-il arrivé de cette situation ?

C'est que telle position, qui sous Vauban

se trouvait ne pas commander une ville, est
devenue de nos jours un point dangereux, la
portée des canons pouvant maintenant fran-
chir la distance qui alors la protégeait.

La conséquence de ceci a été que certaines de nos forteresses, dont nous contem-
plions avec orgueil les ponts-levis, les fossés,
les murailles, étaient devenues rien moins
que sérieuses; qu'elles ont été *de plano* à la
merci d'un ennemi, qui a pu ainsi en atta-
quer quelques-unes, sans même avoir à ouvrir
contre elles les approches ordinaires d'un
siége; approches contre lesquelles elles auraient pu être puissantes.

Prenons pour exemple une de nos douleurs, la plus vive peut-être, — Sedan.

Qui ne s'est trouvé rassuré en contem-
plant les hautes murailles qui l'entouraient,
en mesurant de l'œil ses pans de briques
se détachant à pic et semblant inexpugna-
bles ?

Eh bien, Sedan, non pas Sedan contenant
120,000 hommes et faisant de notre histoire
la plus douloureuse époque, mais Sedan
simple défense était, grâce à la nouvelle artillerie, à la merci des hauteurs qui l'en-

tourent. La forteresse, que nous supposions solide, n'était plus qu'une position fausse, battue par les canons de l'ennemi dès qu'il possédait ces hauteurs.

Et Laon et tant d'autres bicoques dans lesquelles naïvement nous entretenions, depuis cinquante ans, remparts, matériel, état-major, etc., pour, au moment du danger, avoir à entendre dire : *La place n'était pas tenable...*

Triste, cela, triste!

Mais nous n'avons pas besoin d'aller si loin pour juger la torpeur dans laquelle nous nous sommes laissé engourdir. Notre horizon est là qui chaque jour nous rappelle à la réalité.

Les murailles de Paris datent à peine de trente ans, et déjà, grâce aux progrès accomplis par l'artillerie, nous voici entourés d'une ceinture de fer dont l'importance alors aurait été secondaire.

Aujourd'hui les choses sont changées, nous sommes sous le feu ennemi, aussi a-t-il fallu, pour le maintenir à distance, suppléer par des dispositions improvisées, par la valeur de nos hommes, à des positions qui auraient commandé nos approches.

Nous n'avons même pas songé qu'à côté de Paris, immense centre de consommation, il fallait un magasin de ravitaillement toujours prêt.

Ce magasin, indiqué par la nature, était Rouen, Rouen, qui, nous disait-on hier, vient d'être pris.

Encaissé par de hautes montagnes, Rouen devait inévitablement subir ce sort dès qu'il n'était pas défendu par une armée régulière tenant la campagne.

Et cependant notre propre intérêt devait nous rendre plus avisés, nous n'avions là qu'à profiter des accidents du sol qui se prêtent merveilleusement pour aider à la défense.

Quelques forts sur les hauteurs et les approches de la ville eussent été inabordables. Mais cela n'a pas été fait.

Et Rouen, cependant, c'est la clef de la Normandie. C'est, en cas de siége, l'entrepôt de riches pâtures. C'est plus, c'est la seule route de ravitaillement qu'on ne puisse nous couper.

Tous nos chemins de fer peuvent en effet être détruits, mais la Seine ne peut être comblée. En vain essayerait-on d'obstruer son cours; quelques torpilles placées dans son lit l'auraient vite nettoyé.

Eh bien, cette source d'approvisionnement, ce magasin naturel qui devait être là à notre porte, prêt à être à nous, soit pendant, soit après un siége, nous l'avons laissé désarmé, à la merci de l'ennemi.

Qu'on ne me parle pas des quelques canons braqués sur ses hauteurs.

Dérision que cela en présence du progrès de la guerre! Ce qu'il fallait, c'était des défenses sérieuses, réelles, et il n'y en avait pas.

Nous avons follement dormi sur tout cela. Nous avons escompté notre gloire, notre passé. Nous avons oublié que les années marchaient, et avec elles l'incessant progrès;

Non pas ce progrès qui consiste à heurter des mots sonores et à en faire des phrases; mais ce progrès lent, insensible, par cela même immuable; le progrès, en un mot, qu'on fait avec le génie, et qu'on cimente avec le travail.

Nous avons oublié que ce progrès, pendant que sur nos places et nos boulevards nous posions devant le monde, nous avons oublié, dis-je, que ce progrès nous dépassait. Mais maintenant que le réveil s'est fait, ce n'est plus à discourir qu'il faut nous arrêter.

Nos places fortes sont arriérées, démodées; sachons agir vigoureusement.

Rendons à la libre pratique celles qui sont inutiles.

Sans servir à la défense elles préparent à l'ennemi de trop faciles victoires. La culture de leur zone vaudra mieux pour notre prospérité que leurs fossés inutiles.

Au contraire armons les points certains, sérieux, nécessaires.

Commençons par Paris. Nous avons vu les côtés faibles, la dure expérience nous en fait faire chaque jour une bien triste étude. Profitons de cette étude, faisons que Paris soit la capitale du monde militaire, comme elle est, et *restera*, la capitale de la civilisation.

Et Rouen, qui doit être la sentinelle avancée, amassant, conservant pour Paris les

ressources des fertiles contrées qui l'entou--
rent; qui en vingt-quatre heures pourrait ra-
vitailler Paris; qui garantit le Havre, cette
autre source d'abondance et de vie; faisons-
en un centre digne de sa mission conser-
vatrice. Complétons là l'œuvre de la nature,
ne laissons plus notre riche Normandie devenir l'involontaire auxiliaire d'un ennemi
affamé et avide.

Qu'il y ait là désormais de quoi abriter
une armée, ou plutôt que Paris ne soit plus
comme un roc isolé au milieu de la France ;
mais qu'à son nord, à son sud, à l'est comme
à l'ouest, il y ait des positions prêtes à recevoir la province, la laisser s'amasser, y armer
ses défenseurs. Qu'il y ait là, en un mot, des
bases certaines, permettant le ralliement, la
concentration et la direction rapide des forces
du pays.

Ne l'oublions pas, la guerre a changé d'ha-
bitude, les chemins de fer ont renversé les
anciens errements. Sachons devancer le progrès, sachons inaugurer un genre de défense
qui, faisant de Paris le centre d'un immense
développement de puissance, fera de la France
l'unité qui doit être.

Ne nous bornons pas à ces seules mesures.
Agissons ici, là, partout où il le faudra, mais
agissons vigoureusement.

Ne nous arrêtons pas à des replâtrages,
taillons en plein drap.

Une besogne à moitié faite est une besogne mal faite.

Une besogne mal faite est une besogne
inutile.

Plus d'inutilité.

Dépensons, dépensons beaucoup, mais
faisons du certain, du sérieux, du positif.

Ce ne sont pas les hommes qui manquent
en France, ce n'est pas le génie, c'est l'ini-
tiative qui trop souvent est arrêtée.

Au lieu de l'enrayer, stimulons-la.

Nous trouverons des Vauban, des Totle-
ben. Et si à nos enfants nous léguons le sou-
venir de défaites navrantes, nous leur laisserons par notre œuvre nouvelle, largement
comprise et exécutée, nous leur laisserons,
dis-je, l'exemple d'une réparation noblement
comprise et deux ou trois siècles de sécurité.

Pour accomplir cette mission réparatrice,

c'est toujours le même élément à mettre en avant, c'est-à-dire l'argent.

Mais ce n'est pas seulement à la puissance défensive qu'il faut nous attacher.

La douleur de l'envahissement du sol est trop grande, trop vive, pour que nous ne nous l'épargnions pas à nouveau, pour que nous n'en préservions pas ceux qui viendront après nous. Or suivre une politique purement défensive, ce serait à mon sens commettre une nouvelle erreur, puisqu'elle force à attendre l'agresseur sur le sol de la patrie.

Ah! que ceux qui n'ont pas souffert de cette dure étreinte le demandent à ceux qui ont vu l'invasion, si ce n'est pas folie que d'agir ainsi?

Qu'on leur demande à ceux-là, qui ont subi le pillage, l'incendie, la mort ou l'absence de leurs proches; qu'on leur demande si le premier devoir n'est pas de contenir l'étranger sur son sol?

Qu'on leur demande enfin si la force nationale ne doit pas se résumer par ceci :

Être assez puissant pour ne pas attendre l'ennemi et pouvoir l'aller trouver.

Qu'on ne croie pas qu'ici je veuille faire l'apologie de la guerre et l'élever en principe. Non! *La guerre est une chose atroce.* Ses douleurs pèsent sur tous les cœurs honnêtes, comme le fer dans la blessure.

Mais quand on a vu un peuple épier pendant dix ans un autre peuple;

Quand on le voit remué dans ses masses profondes par un seul cri, et que ce cri est : Haine à la France!

A mon tour je crie: Arrière aux songeurs! et je le déclare au nom de la justice, du droit, de la prudence, le premier devoir de la France est d'armer, et d'armer puissamment.

Ce n'est du reste pas si difficile qu'on peut le croire.

Il n'est pas besoin pour arriver à ce résultat que tous les hommes quittent ou la charrue ou l'atelier, la France est assez riche en bras pour en avoir pour tout.

Ce qu'il faut d'abord, c'est, au lieu de laisser nos officiers s'abrutir dans une vie d'inaction et de café, les forcer à devenir des hommes de science et de pratique.

On réclame à grands cris l'instruction dans les masses, et à ce cri je m'associe.

Mais on oublie trop aisément que l'instruction élémentaire s'offre à tous, qu'elle est pour tous possible, mais que ce qui nous manque, c'est surtout l'instruction secondaire, c'est-à-dire celle qui prend l'homme déjà fait et met à sa portée les découvertes que la science nous participe chaque jour.

Or, qu'on le sache bien, il n'y a pas de métier ou, pour parler plus noblement, de carrière qui exige plus d'instruction variée que la carrière militaire.

Cette vérité est reconnue depuis longtemps, puisqu'une partie des élèves sortant de l'École polytechnique est attribuée aux armes du génie et de l'artillerie.

Mais cette attribution est insuffisante en ce sens qu'elle verse dans une carrière des gens fort intelligents, mais qui peuvent n'avoir aucun goût pour elle, tandis qu'au contraire dans les rangs de l'armée il peut y avoir des gens absolument doués d'aptitudes militaires, mais qui manquent de science pour les développer.

La conséquence de cet état de choses est dure à dire : c'est la médiocrité.

A l'appui de ceci qu'il me soit permis une

comparaison, laquelle ne veut pas être un parallèle hostile, mais bien la simple constatation d'un fait.

La France avait une marine. Paris ne s'en doutait guère.

Il entendait bien dire parfois que, soit en Cochinchine, soit en quelques autres endroits de ces mystérieuses contrées, où nous autres citadins n'allons que par la pensée, il s'était passé quelques-uns de ces faits que l'on nomme des victoires. Mais c'était si loin, qu'on s'en souciait bien peu.

Un jour cependant, le danger survient,

Anxieux, inquiet, Paris se réveille.

Il voit des hommes nouveaux surgir de toutes parts.

Presque avec indifférence il les accueille.

Et puis il se trouve que ceux-là qui hier étaient des inconnus deviennent des généraux, des ingénieurs, des chefs propres à tous les commandements.

Bref, la marine, car c'était elle, avait su se transformer et suffire à sauver Paris aux premières heures du danger, comme elle a su depuis donner son concours énergique à toutes les phases de sa défense.

Est-ce à dire que la marine soit formée d'autres hommes que l'armée de terre?

Non! La même vaillance est au fond de tous les cœurs.

Mais en contact permanent avec le danger, en perpétuelle lutte avec les mille détails que comporte la navigation et ses exigences, le marin n'a pas le temps d'abrutir son intelligence dans une oisiveté fâcheuse. Chaque jour a pour lui sa tâche.

Et puis on n'est pas marin par circonstance, mais par goût, par vocation.

En donnant en un mot sa vie à la carrière qu'il a choisie, le marin s'est incarné en elle. C'est ainsi que tout à coup se sont révélés des hommes qui ont hautement rempli une mission difficile, laquelle au fond n'était pas la leur.

Eh bien, il faut qu'il en soit ainsi pour notre armée de terre.

Il faut que, retrempée par la nature même de nos malheurs, elle redevienne le type de la gloire militaire.

Il faut que désormais le savoir marche avec elle, au même rang que la valeur.

Un fait suffira à cette tâche :

8

Donner à la science un très-large budget.

Au lieu de la considérer comme un orne-
ment dont le pays se pare dans les instants
de vanités nationales, il faut en faire au contraire le développement de toute première
éducation.

Avec ce système nous multiplierons les
laboratoires, les bibliothèques ; mais en même
temps nous multiplierons les professeurs et
les élèves.

Nous ferons que dans tous les centres un
peu importants les instruments de la science
seront à la disposition de tous.

Nous ferons qu'au lieu de se borner à
l'étude d'une théorie plus ou moins abstraite
et machinale, nos officiers, nos sous-officiers,
nos soldats, tous ceux en un mot qui senti-
ront en eux bruire la flamme de l'inconnu
se livreront à des études savantes, solides.

Or de cet avancement résultera et à tous
titres une conséquence naturelle :

La puissance et la grandeur du pays.

Donc, de ce côté encore, de l'argent, de
l'argent sans hésiter.

Mais ce n'est pas tout, un autre devoir

doit à sou tour nous occuper : je veux parler
de la *nécessité* d'élever notre matériel de
guerre à la hauteur des circonstances.

Cette nécessité n'est pas née des événements actuels. Dès 1868 je la prévoyais
lorsque j'écrivais dans ma première brochure les lignes que voici :

« La guerre subsiste toujours,

« Elle est de tous les instants ; seulement
« comme le sang ne coule pas, comme la
« lutte se fait sans bruit, nous oublions son
« existence.

« Nous oublions que cette lutte c'est le
« progrès qui la soutient ;

« Que ses moyens à lui, le champ de ba-
« taille ne les voit plus heureusement que
« rarement, mais que la fortune publique doit
« constamment en fournir les éléments.

« Ce sont nos flottes à voiles, orgueil de
« nos pères, qu'il a fallu transformer, puis
« remplacer ;

« Ce sont ces armes nouvelles, établies à
« grands frais et qu'on relègue aux arsenaux,
« parce que d'autres plus modernes, plus
« meurtrières, ont été découvertes ;

« Ce sont ces navires cuirassés, hier in-
« vulnérables, aujourd'hui arriérés et que
« déjà il faut fortifier à nouveau ;

« C'est enfin le génie, partout incessant,
« infatigable, permanent, qui recherche,
« crée et tient les nations en perpétuels
« échecs, etc., etc. »

Eh bien, cette situation constamment
progressive que j'indiquais alors comme étant
le gage de la paix et qui malheureusement a
été méconnue, elle est, à l'heure qu'il est,
transformée pour nous en une exigence absolue, et ce, sans nous préoccuper que d'une
seule chose : être les plus forts, les plus
avancés.

Le temps n'est plus où, empêtrés dans les
dédales d'une diplomatie aveugle, il fallait
s'occuper des voisins, de l'équilibre euro-
péen et autres sornettes.

L'Europe ! Nous pouvons dire le mot bru-
tal, mais vrai dans sa vulgarité, *l'Europe nous
a lâchés !*

Eh bien, désormais soyons *Nous*. Soyons
forts, soyons nos propres alliés, et si quelque
convoitise nouvelle surgit, s'attaquant à notre

honneur, à notre sol, à nos vies, malheur
alors à ceux-là qui porteront son drapeau !!

Pour en arriver là, le point de départ est
le même, de l'argent, toujours de l'argent.

N'hésitons donc pas, voyons plutôt à apprécier la portée des sacrifices nécessaires.

Pour ce faire estimons que, tant pour la
reconstruction de nos forteresses que pour la
transformation militaire, que pour celle du
matériel, il nous faille dépenser   4 milliards

Si à cette somme nous ajoutons celles précédemment indiquées de :

Indemnité aux particuliers.   5 milliards
Répartition aux domaines de
   l'État et des communes. .   1 milliard

Nous arriverons au chiffre de   10 milliards

Cette somme est considérable, même pour
notre époque. Je vais démontrer que, toute
effrayante qu'elle soit, elle peut encore être
aisément trouvée, et que c'est précisément
grâce à l'emploi de l'impôt unique que nous
pourrons atteindre ce résultat.

Si j'arrive à cette démonstration, nul ne

doutera de l'opportunité de l'application de cet
impôt, comme de la régénération immédiate
qu'une semblable dépense fournira au pays.

Étudier cette partie de la question est le
sujet que nous allons immédiatement aborder.

§

Le budget estimatif de la France pour 1871,
c'est-à-dire celui qui présente les recettes
maxima, sur lesquelles il devait être possible
de compter, se résumait par un revenu brut
de. . . . . 1,789,914,527 fr.

(Loi du 27 juillet 1870.)

Nous avons admis ne pas
considérer comme étant
produit par l'impôt le produit des manufactures de
l'État ou celui des admi-
nistrations des postes et
télégraphes, qui effectivement constituent de véri-
tables exploitations; nous
devons dès lors défalquer
du revenu brut ci-haut

A reporter. . . . . . . 1,789,914,527 fr.

Report. . . . 1,789,914,527 fr.

énoncé celui également
brut de ces exploitations,
lequel se résume par. . .   376,105,500

Reste donc net. . . . 1,413,809,027
pour le produit de l'impôt
sous toutes ses formes, y
compris toutes autres re-
cettes accessoires.

Or, sur cette somme
il faut défalquer :

1° La rente à payer à la
dette publique et les intérêts exigibles à différents
titres, soit fr.   396,600,492

2° La va-
leur de rem-
boursements
et restitu-
tions à divers.   11,991,000

3° Le coût
des frais de
perception
des différents

A reporter. 408,591,492   1,413,809,027 fr.

Reports.. 408,591,492 fr. 1,413,809,027 fr.
impôts, les-
quels s'élè-
vent à. . . 103,335,000

Ensemble. . . . .   511,926,492 fr.

Soit pour le revenu ac-
tuel de la France un pro-
duit définitif net de. . .   904,882,535 fr.

Si nous voulons main-
tenant y réunir le béné-
fice des manufactures, postes, etc., etc., nous aurons
de ce chef à ajouter. . . .   252,292,455 fr.

En tout. . . . .   1,154,174,990 fr.

En chiffres ronds, un milliard cent cin-
quante-cinq millions pour suffire à tous les
besoins du budget.

Il est bien évident que, même en oubliant
les ravages qu'a subis le pays, et qui fatale-
ment rendront l'impôt improductif en une
large proportion, ce n'est pas avec ce revenu
que nous pourrons faire face aux dix milliards jugés nécessaires pour parer aux exigences que nous venons d'examiner.

En cette occurrence deux moyens nous restent :

Forcer le chiffre de l'impôt;

Arriver à l'emprunt.

Forcer le chiffre de l'impôt est un mauvais expédient.

Les 45 centimes ont plus fait pour tuer le régime de 1848 que toutes autres circonstances.

C'est qu'effectivement, si l'assiette de l'impôt est mauvaise, plus on en augmente le taux, plus les inconvénients quelle comporte s'accusent incommodes et deviennent sensibles.

Arriver à l'emprunt, c'est chose encore plus grave.

Si nous voulons emprunter à bas prix, il faut créer une dette perpétuelle.

En admettant le taux moyen de 5 pour 100, l'intérêt de dix milliards représenterait cinq cents millions, soit près de la moitié du net laissé par une année de pleine prospérité.

Ceci ne peut pas être.

D'une part, un emprunt venant paralyser

une aussi large proportion des revenus d'un pays ne trouverait que difficilement preneur. Ce serait donc altérer le crédit de la France, aggraver sa situation, au moment où précisément tous nos efforts doivent tendre à la relever.

D'une autre, un principe de haute équité doit nous arrêter.

Quand il s'agit de léguer à nos enfants quelques-uns de ces monuments de l'industrie qui accroissent et constituent la fortune du pays, — lignes ferrées, — télégraphes, — ports, — routes, — chemins, etc., etc., — l'emprunt se comprend. il est équitable. Si d'un côté nous engageons l'avenir, d'un autre nous laissons les moyens de féconder la fortune publique. Nous ne faisons là qu'un acte d'administration paternelle.

Mais en cette occurrence, alors qu'il s'agit de réparer des désastres qui nous sont propres, de payer en un mot le prix de notre torpeur, de notre faute, je dis qu'il n'y a plus là qu'une conséquence dont nous devons savoir supporter la peine, qu'en un mot nous avons perdu le droit d'engager l'avenir.

En cette situation, qui est la seule véri-

table et juste, le problème se complique. Je
vais démontrer, qu'avec l'aide de l'impôt
unique, nous allons lui trouver solution.

§

La France contient une population d'environ quarante millions d'êtres, plus une population étrangère assez considérable et qu'il
est indifférent de chiffrer.

Chacun d'eux dépense pour vivre une
somme annuelle, assurément fort différente,
puisque les uns, jouissant de revenus considérables, peuvent dépenser beaucoup ; tandis
que d'autres, moins favorisés, ont peine à
suffire à la tâche.

Considérons qu'en moyenne il se dépense
par an et par tête 800 francs, soit pour quarante millions d'individus 32 milliards de dépense annuelle.

Mais la dépense ainsi considérée ne représente pas le chiffre vrai du mouvement
commercial.

Le consommateur ne s'adresse guère qu'au
détail.

Avant que d'arriver à ce détail, la mar-

chandise a passé par de nombreuses mains.
On peut sans exagérer dire qu'il a fallu pour
la plupart des objets de consommation passer par six, huit, dix intermédiaires avant
que de pouvoir être présentés au public. Admettons une moyenne de six intermédiaires
seulement, notre chiffre de 32 milliards se
transformera de ce fait en 192 milliards. Ce
dernier nombre représentera la réalité du
commerce intérieur.

Mais nous avons négligé l'exportation,
les mutations de propriété, les transactions
de bourse, les questions de sociétés, tribunaux, etc., etc., toutes choses en un mot
sur lesquelles l'impôt aurait à s'exercer.

Admettons de ce chef un chiffre de 8 milliards, chiffre dont l'importance est au-des-
sous de la vérité (le commerce étranger entraîne à lui seul 8 milliards 120 millions).
Additionnant ce chiffre à celui qui précède,
nous nous trouverons ainsi devant la somme
plus que respectable de 200 milliards d'affaires, sur laquelle doit porter l'impôt
unique [1].

1. J'aurais voulu pouvoir donner des résultats tout à fait
précis, mais les ministères en cet instant sont inabordables,

Or nous avons admis qu'année moyenne, l'impôt produisait brut 1415 millions; c'est donc 0 fr. 70 pour 100 environ qu'il faudrait prélever sur toutes les transactions.

Admettons pour couvrir les frais de perception 0 fr. 75 pour 100, la valeur de l'unité du timbre-impôt (voir page 60) serait donc de 0 fr. 75.

Cette quotité, qu'il me soit permis de le faire remarquer, ne pèserait pas plus sur le commerce ou les individus que les impôts actuels, puisque ceux-ci disparaîtraient; mais elle conduirait à une répartition équitable des charges de l'État, et précisément nous allons trouver là un nouvel exemple de ce fait.

Je me suis déjà étendu longuement sur ce sujet, mais il offre tant d'intérêt que je crois utile, ayant maintenant des chiffres déduits de raisonnements certains, de m'emparer de ces chiffres et de fournir avec leur

la bibliothèque nationale est fermée; il est donc difficile en ce moment de préciser. Je me suis toutefois tenu aussi près que possible de la vérité; les différences qui pourront être ultérieurement constatées seront peu importantes. Dans tous les cas elles n'altéreront en rien l'économie du mécanisme de l'impôt unique, et c'est là surtout ce que dans ce travail je veux bien faire comprendre.

aide une nouvelle démonstration de cette partie de la question.

Admettons deux hommes pris sur les confins opposés de la fortune.

L'un dépense par an 100,000 fr.,

L'autre, 1,000 fr.

Si nous multiplions ces sommes par 6, rapport évalué par nous entre la consommation et les intermédiaires que subit la marchandise pour arriver à elle, nous transformerons ces chiffres en ceux qui vont suivre ;

La première dépense, celle de l'homme riche, aura causé, pour qu'il puisse satisfaire tous ses besoins, un mouvement d'affaires égal à 600,000 fr.; à 0 fr. 75 c. pour 100, elle aura produit 4,500 fr. ;

La seconde, pour satisfaire les besoins de l'homme pauvre, aura amené un mouvement de seulement 6,000 fr.; à 0 fr. 75 c. pour 100, elle aura produit 45 fr.

L'un était cent fois plus riche que l'autre, et voilà que, précisément par la force des choses que produit l'impôt unique, il a mathématiquement payé cent fois plus !

Où peut-on trouver règle plus équitable, plus juste, plus véritablement humanitaire?

Mais cette démonstration, que j'étais bien aise de saisir au passage, nous a éloigné de notre sujet.

Nous avons bien vu l'harmonie qui pouvait s'établir entre l'impôt unique et les charges ordinaires, ceci ne suffit pas. La question est en effet plus grave aujourd'hui, puisque c'est non-seulement à ces charges qu'il faut parer, mais encore à celles plus impérieuses du moment.

Nous venons de voir que ces dernières se résument par une dépense à faire de 10 milliards.

Cette somme toutefois est-elle immédiatement nécessaire ?

Non, car l'œuvre de réparation ne peut s'accomplir tout entière en un an. Il faut en semblable occurrence éviter la précipitation, il faut le temps d'étudier, de réaliser.

Faisant la part de ces nécessités, celles des saisons qui naturellement retardent les travaux, nous admettrons une période de trois ans pour l'accomplissement de la transformation que nous venons d'indiquer.

C'est donc pour cette période de trois ans

qu'il nous faut trouver, mais trouver sûrement, la somme indiquée.

Nous ne la réclamerons pas tout entière, en ce si bref délai, à l'impôt unique, ce serait trop fatiguer le pays.

Mais ce que nous pouvons faire avec les ressources qu'il procure, c'est aménager l'impôt de manière à pouvoir traiter avec des tiers, non plus alors pour des emprunts indéfinis, mais pour un laps de temps de 10, de 15 ou de 20 ans; c'est-à-dire que dans le délai choisi, et moyennant un payement annuel, nous aurons payé capital et intérêts.

Eh bien, je dis que ce résultat, l'impôt unique le permettra seul. La simplicité de son mécanisme, la sûreté de son action, en assureront l'obtention.

Avec son aide, en effet, il suffira d'augmenter le prix des timbres. Au lieu de vendre l'unité 0.75, on la vendra 1 fr., 1 fr. 50, ce qu'en un mot les députés du pays, dans la sagesse de leur délibération, auront fixé; mais toujours on atteindra le résultat cherché.

Certes nous aurons payé quand même. A cette conséquence il faut bien nous attendre; mais ce qu'il faut, c'est pouvoir payer sans

malaise intérieur. Avec l'impôt unique ce résultat aura pu être obtenu.

Je dis plus, malgré nos ruines, nous aurons payé aisément, parce que l'impôt se
sera fait intelligent, allant chercher ceux
qui possèdent encore; se réduisant pour les
autres, jusqu'à se laisser prélever par fraction de centime; se rendant en un mot possible à tous.

Grâce à lui donc, la France, qu'on a pu
croire abattue parce qu'elle a été surprise,
se relèvera grande; et sa force sera d'autant
plus puissante, que ce sera dans sa propre
existence qu'elle aura puisé l'élément nécessaire à sa reconstitution.

Envisageons dès lors froidement nos désastres, sachons les estimer à leur valeur réelle,
sachons surtout juger ce qu'il faut faire pour
en prévenir le retour. Ce labeur accompli,
marchons sans hésiter. Dépensons, dépensons tout ce qu'il faudra.

En agissant ainsi, non-seulement nous
cicatriserons les plaies reçues, mais encore,
par l'impulsion énorme qu'une semblable
résolution donnera aux affaires, ce sera tout

9

à la fois la régénération du pays et sa prospérité que nous aurons assurées.

Ne l'oublions pas, en effet; si de grandes
douleurs sont causées par d'aussi navrants
événements que ceux par nous traversés, il y
a, et par cela même, d'immenses besoins à satisfaire. Les combler, ce sera donner à tous
le travail, — ce qu'il est si difficile d'improviser, et avec le travail viendront vite et la
la vie et la rénovation.

§

Aux lignes qui précèdent je voulais arrêter cette étude rapide.

Deux points m'ont paru se relier assez
étroitement aux besoins du moment pour que
je croie utile d'en dire quelques mots. Je vais
donc succinctement les traiter.

Je veux parler des octrois à supprimer et
du concours à donner à ceux que la mort a
laissés isolés.

Voyons le premier sujet.

Si les différentes lois qui constituent la
fiscalité des impôts mettent nombre d'obsta-

cles à l'industrie, au commerce, que dire des
octrois, qui, variant avec chaque localité,
créent souvent une situation difficile à bien
des intérêts?

Le bouleversement général que nous subissons est propice à une solution.

Il faut profiter de cet état de choses et en
finir maintenant que nous avons besoin de
stimuler toutes les forces vives du pays, avec
une question grosse d'inconvénients sérieux,
aussi bien pour l'industrie des villes que pour
les intérêts agricoles.

Les pays vignobles entre autres souffrent
tout particulièrement de cet état de choses.
L'octroi, en paralysant la consommation, fait
que certains vins, qui trouveraient des dé-
bouchés aisés, restent sur place, s'y trans-
formant au grand détriment du producteur.
Cette transformation va plus loin; elle exerce
son influence fâcheuse sur les classes labo-
rieuses, qui, grâce à l'appât que l'octroi
donne à la fraude, consomment trop souvent
des produits frelatés, alors qu'à bon compte
les vins ordinaires pourraient être bus par
tout.

Ceci n'est qu'un exemple, je pourrais aisé-

ment les multiplier, mais déjà j'ai dépassé
les bornes que je m'étais prescrites ; je vais
donc simplement dire qu'avec l'impôt unique
il est possible de mettre un terme à cette
situation et d'y apporter la même économie,
la même simplicité, que celle à introduire
dans le mécanisme fiscal de l'État.

Pénétré de l'importance de ce résultat, je
l'avais déjà énoncé dans mon premier travail. J'avais expliqué qu'il était possible de
combiner le droit de chacun avec celui du
gouvernement et par conséquent de faire,
par un unique prélèvement, les affaires de
l'État et celles des communes. Voici ce que
je disais sur ce sujet :

« En France nous sommes moins avancés,
« et cependant de tous côtés on reconnaît
« que les octrois, avec leurs exigences,
« gênent le développement du commerce in-
« térieur, comme aussi donnent lieu à de
« nombreux ennuis pour les habitants.

« Cette mesure a pris tout dernièrement
« un haut intérêt dans le débat qui a surgi
« entre les usiniers de Paris et l'autorité
« préfectorale ; et si de part et d'autre d'ex-
« cellentes raisons ont été produites, il n'est

« pas moins un fait qui ressort de ce débat,
« c'est qu'il y a là un ordre de choses qu'il
« faudrait pouvoir modifier. L'impôt unique
« le permettra.

« En effet il faut aux villes, on ne peut
« le méconnaître, des revenus, et des revenus
« en rapport avec les populations qu'elles
« possèdent, les besoins de ces populations.

« Or l'impôt unique fournira sans effort
« ces revenus.

« Le rendement de chaque commune ne
« sera-t-il pas facilement connu par le dé-
« bit des timbres mobiles? Le fait étant con-
« staté, quoi de plus facile que de faire entrer
« dans la perception faite par l'État la part
« afférente aux communes?

« Les rentrées de celles-ci se feront dès
« lors sans frais; ce sera lui, l'État, qui de-
« viendra leur receveur.

« Il y a plus, et voilà qui démontre encore
« combien l'impôt unique satisfait à toutes
« les exigences, c'est que justement plus la
« ville sera grande, luxueuse, importante,
« plus l'impôt produira et par conséquent
« plus grand pour la cité sera le revenu qu'il
« apportera. »

A ceci, que je considère comme étant l'expression de la vérité, j'ajouterai cette considération qui me paraît mériter attention.

Les villes seules jouissaient du revenu de l'octroi. Avec son aide elles ont pu arriver à un état de bien-être relatif. Pourquoi ne pas étendre aux plus petites communes le bien produit par cette situation?

Avec l'octroi ordinaire, ce n'est pas possible, je le sais; les frais de perception ne couvriraient pas les recettes.

Mais avec l'impôt unique, toute commune quelle qu'elle soit prendra sa part dans la recette générale, et cette part, étant justement en rapport avec sa population, lui fournira les éléments utiles à ses chemins, à ses écoles, à toutes choses en un mot qui périclitent au fond de nos provinces, parce que précisément les ressources y manquent.

Ainsi donc, grâce à l'impôt unique, ce n'est pas le revenu fourni par l'octroi qui disparaîtra;

Mais ses difficultés de perception,

Mais le coût de sa perception,

Mais le dommage qu'il cause au commerce comme à l'agriculture.

Tout cela sera remplacé par une perception équitable, laquelle descendra jusqu'aux plus humbles hameaux, portant à chacun d'eux, sans qu'ils aient à s'en préoccuper, leur part contributive de prospérité et d'aisance.

Est-ce que ce résultat n'est pas digne de l'attention de tous ?

§

J'arrive au dernier paragraphe, que je me proposais de traiter.

Si dans toute œuvre nouvelle il faut heurter l'esprit, la pensée, dans une lutte contre la routine et l'imprévu, il est aussi parfois labeur bien consolant, c'est celui qui permet de songer à calmer la douleur, à éteindre les pleurs.

Les pleurs, hélas ! qui n'en aura eu à verser dans ces tristes journées ?

Qui, en ce temps de deuil et d'affliction, n'a eu à reporter au loin sa pensée ; à souffrir les brisements que l'inconnu donne au cœur le plus robuste ?

Mais au delà de ces douleurs il en est encore une plus grande et méritant toute notre sollicitude.

Cette douleur c'est le veuvage qu'a laissé la mort;

C'est l'orphelinat que fait la guerre;

C'est en un mot l'isolement sous toutes ses formes que fait le sort fatal des combats.

Certes, nous ne pouvons pas à ceux-ci rendre l'amour, l'affection qui reliaient à eux ceux-là qui ne sont plus.

Mais il un devoir sacré qui surgit de cette situation.

Ce devoir, c'est de suppléer en ce qui concerne l'aide et la protection à ceux qui ne sont plus.

Sous ce rapport la dette du pays sera immense.

Le deuil a envahi toutes les familles et creusé des vides irréparables.

À ceux que la fortune caressait de son aile, nous ne devons que le respect qui entoure un devoir noblement rempli. La patrie peut faire aisément aux leurs une situation digne, elle veillera sur l'enfant que la guerre aura fait orphelin.

Mais il en est d'autres, et ceux-là sont les plus nombreux, qui ont le pain de chaque jour à réclamer.

La loi, je le sais, a prévu le cas et a décrété leur adoption.

Mais entre la loi et le fait... il y a quelquefois si loin!

Quand surtout l'argent, ce difficile élément, se fait rare ou fait défaut!

A ce titre, l'impôt unique deviendra un auxiliaire précieux.

Il ne m'appartient pas de dire dans quelle proportion et de quelle manière il exercera ce concours réparateur; mais ce que je puis faire ressortir, affirmer, c'est que, par les facilités qu'il apportera à l'État, il permettra de tout voir, de sonder toutes les douleurs et de tout protéger.

Il pourra faire en un mot que lois et décrets ne soient pas une vaine formalité.

J'ai fini.

Qu'il me soit permis, avant de quitter la plume, de dire que si je ne reviens pas dans ce travail sur certaines questions présentées dans ma première brochure, soit les assurances, l'aide donné à la vieillesse, etc., ce n'est pas que je veuille abandonner ces questions; mais bien parce que devant les circonstances graves qui nous frappent, j'ai surtout voulu correspondre aux besoins du moment; montrer qu'avec les ressources de la France, même meurtrie, il y a en elle les éléments de réparation qui doivent lui rendre sa prospérité.

Aller au delà serait pour l'instant dépasser le but.

Mais vienne l'impôt unique, viennent les bienfaits qu'il doit produire, le reste s'imposera, et alors, grande par ses seules ressources, grande par la part qu'elle saura faire au travail intellectuel comme à tous les labeurs, la France tiendra toujours haut et brillant le flambeau de la civilisation.

CH. TELLIER.

NOTE COMPLÉMENTAIRE.

En écrivant le travail qui précède, je ne me suis pas dissimulé que nombre d'objections pourront lui être faites.

Loin de les redouter, je les appelle avec instance.

Le meilleur moyen de faire avancer une question, de la mûrir, n'est-ce pas précisément de la mettre en contact avec l'opinion, avec la discussion ?

Quelles que soient donc les difficultés que la lecture de cette étude pourra faire surgir, j'en demande instamment la communication, convaincu que je suis qu'il sera facile :

Ou de compléter ce que je n'aurai pas su assez clairement exprimer,

Ou de surmonter l'obstacle qui pourrait être signalé.

J'ajouterai un mot relatif à la réalisation immédiate de l'impôt unique.

En présence de la situation, les moyens
décisifs sont évidemment les meilleurs.
Toutefois il ne faut pas que la précipitation
vienne augmenter les craintes, par suite le
désarroi que nous subissons.

Un moyen simple se présente à mon avis
de tout concilier : ce serait de décréter l'application immédiate de l'impôt unique, mais
en conservant pour quelque temps encore
le système qui nous régit; ne demandant en
un mot au premier que le supplément de
ressources qui nous est nécessaire.

Cette détermination nous conduirait à ce
résultat :

Faire fonctionner parallèlement les deux
impôts.

De là les conséquences que voici :

1° Reconnaître par cette pratique compa-
rative les avantages ou les inconvénients de
chacun d'eux ;

2° Nous fournir les ressources qui nous
manquent sans création d'impôts spéciaux,
ou augmentation de centimes ; ce qui lèse
toujours certains intérêts, sans atteindre
également la masse des contribuables ;

3° Nous permettre — les bons effets de

l'impôt unique étant constatés — de supprimer insensiblement l'ancien système, et par
conséquent d'arriver sans secousses, aussi
bien au point de vue de l'État qu'à celui du
personnel actuellement organisé, à réaliser
la grande et nécessaire rénovation que doit
amener l'impôt unique.

Dans ces conditions, qui respectent tous
les intérêts, qui tiennent compte même de
l'imprévu, rien ne peut plus s'opposer à
l'adoption du système que je viens de décrire
et qui, ceci sera mon dernier mot, est de
tous les impôts qui pourraient être imaginés :

Le plus simple,

Le plus productif,

Le plus équitable.

C. T.

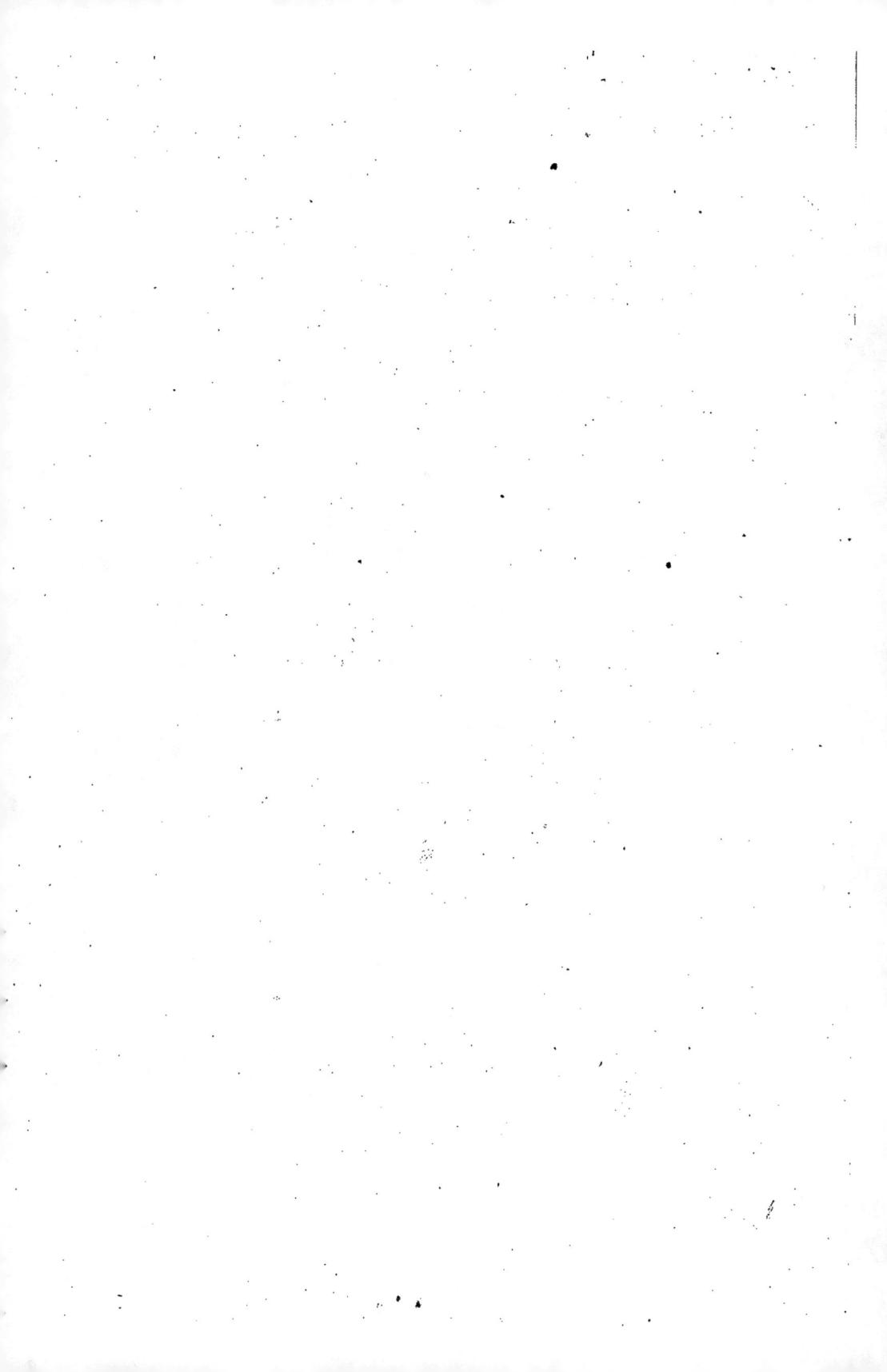

TABLE DES MATIÈRES

PARIS. — J. CLAYE, IMPRIMEUR, 7, RUE SAINT-BENOIT. — [1509]